Dietz
Taschen
buch 33

Lothar Ferstl · Harald Hetzel

„Für mich ist das Alltag"

Innenansichten der Polizei

Verlag J. H. W. Dietz Nachf.

ISBN 3-8012-3033-3

Copyright © by Verlag J. H. W. Dietz Nachf. GmbH, Bonn
In der Raste 2, D-5300 Bonn 1
Lektorat: Martin Rethmeier
Umschlag: Manfred Waller, Reinbek (unter Verwendung
eines Fotos von Ingo Röhrbein, Hamburg)
Satz: Fotosatz Froitzheim, Bonn
Druck und Verarbeitung: Clausen & Bosse, Leck
Alle Rechte vorbehalten
Printed in Germany 1989

Inhalt

»In dem Polizeibeamten tritt der Staat dem Bürger gegenüber. Der Bürger muß aber wissen, und es muß ihm immer wieder durch die Tat bewiesen werden, daß der Polizeibeamte kein Disziplinierungsinstrument in der Hand einer anonymen, weit entfernten Obrigkeit ist. Seine Aufgabe ist es, Freiheitsrechte zu garantieren und zu schützen, die Staat und Gesellschaft jedem einzelnen zur Verfügung stellen und um deren Erweiterung und Ausgestaltung wir uns ständig gemeinsam bemühen. Niemand sollte vergessen, daß der Polizeibeamte genauso Bürger ist wie jene, deren Freiheitsraum er zu verteidigen hat. Ihre Freiheit ist auch seine Freiheit. Dieses gegenseitige Verständnis müssen wir erreichen, wenn wir wollen, daß unsere Polizei in unserem demokratischen Staat den ihr angemessenen Platz einnehmen und behaupten kann.«

Hans-Dietrich Genscher 1973 als Innenminister vor Delegierten der Gewerkschaft der Polizei (GdP) in Hamburg

Was uns bewogen hat, mit
Polizeibeamten zu reden

Der Auslöser, mit Polizisten zu reden, waren für uns die Auseinandersetzungen um den Bau der Wiederaufarbeitungsanlage in Wackersdorf und die Frankfurter Polizistenmorde an der Startbahn West.

Warum gerade Wackersdorf? Wackersdorf liegt ganz in der Nähe unserer Heimatstadt Weiden – und der Antrieb zum Handeln entspringt ja oft einer sinnlichen Erfahrung. Zwar hatten wir schon bei Demonstrationen in Frankfurt und in Kalkar mitgemacht, dort auch schwere Auseinandersetzungen zwischen Demonstranten und Polizeibeamten erlebt, aber das Umfeld, Region wie Bevölkerung, waren uns doch eher fremd. In Wackersdorf waren wir sozusagen »daheim«.

Auch ist die Oberpfalz eine Region, die bisher mehr durch besonders staatstreue als durch rebellische Bürger auffiel. Prügelnde Demonstranten und Polizisten kannte man hier nur aus dem Fernsehen. Plötzlich jedoch wurde über Sinn und Unsinn einer Wiederaufarbeitungsanlage diskutiert, im Radio, in den Lokalzeitungen, in den Wirtshäusern, im Freundeskreis. Alte Bekannte schlossen sich irgendwelchen neu gegründeten Initiativen an. Am Wochenende bekam man beim Einkaufen Flugblätter und Unterschriftenlisten in die Hand gedrückt. Plötzlich lagen Brokdorf, Kalkar und die Startbahn West unmittelbar vor der Haustür.

Und nicht nur das. Der Sohn des Nachbarn, der Schulfreund, der Schwiegersohn, der Bruder – alle fuhren nach Wackersdorf. Die einen demonstrierten gegen »Wackersdorf«, die anderen, in Uniform, mußten »Wackersdorf« verteidigen, was nicht hieß, daß sie dafür waren. Es gab Familienstreitigkeiten, Freundschaften gingen in die Brüche. Auf einmal standen auch Freunde von uns auf der »anderen« Seite, denn wir Lothar Ferstl und Harald Hetzel, sind gegen die Wiederaufarbeitungsanlage. Auf einmal wurde uns bewußt: Da hinten rennen jetzt der Georg und der Ludwig irgendwelchen Chaoten – oder die sie dafür halten müssen – nach. Weiter hinten steht der Franz mit seinem Schäferhund und wartet auf den Einsatzbefehl.

Bei den Auseinandersetzungen auf dem Baugelände konnte es passieren, daß man festgehalten wurde. Der Georg, der Ludwig oder der Franz mußten dann in ihre Computer-Terminals unter Umständen die Personalien von Nachbarn oder Bekannten eintippen, von denen sie wußten, daß sie noch nie mit der Polizei zu tun gehabt hatten. Man war sich zwar darüber klar, daß der Georg, der Ludwig und der Franz nur das machten, was sie machen mußten. Dennoch bedeutete dies für einige der »Erfaßten«, daß sie observiert und ihr Telefon abgehört wurde. Das hatte nun natürlich nicht mehr der Georg, der Ludwig oder der Franz veranlaßt, aber ein Zusammenhang war nicht zu leugnen.

Dann wurden an der Startbahn West zwei Polizeibeamte erschossen. Aus dem Dunkeln heraus. In der Polizei und in der Öffentlichkeit war der Schock groß. Auch bei uns. Als man bei einem der ermordeten Polizeibeamten ökologisches Informationsmaterial fand, waren wir überrascht. Für uns war es nicht selbstverständlich, daß sich Polizeibeamte intensiv mit ökologischen Themen auseinandersetzen. Wie viele andere hatten auch wir unsere Vorurteile gegenüber Polizeibeamten. Wir sahen sie in erster Linie als kritiklose Befehlsempfänger, und offensichtlich war dies ein schiefes Bild, bezogen auf den einzelnen Polizeibeamten. Nun begann uns der Mensch »hinter« der Uniform, der Einzelne im Apparat Polizei, zu interessieren.

In diesem Buch kommen Polizeibeamte, Männer und Frauen, selbst zu Wort. Sie berichten von ihrem Alltag, ihren Erlebnissen, Ängsten und Aggressionen; sie erzählen, warum sie zur Polizei gegangen sind, weshalb sie am Bauzaun von Wackersdorf stehen (müssen), wie sie die Frankfurter Polizistenmorde erlebt haben, wieso sie sich oft von den Politikern im Stich gelassen fühlen und vieles mehr.

Wir haben die Interviews bewußt sehr persönlich gehalten, dennoch geht es natürlich immer wieder auch um Politisches; ist doch die Polizei diejenige Organisation im Staat, die dem Gesetz und den politischen Entscheidungen der Regierenden Geltung zu verschaffen hat. So ist es nicht verwunderlich, wenn von Seiten der Gesprächspartner nicht nur auf Mißstände innerhalb der Polizei hingewiesen wird und neue Wege angedeutet werden, sondern mitunter auch viel Kritik an den Politikern geübt wird, für die man letztlich »den Kopf hinhalten muß«.

Diese Sammlung von Berichten ist natürlich nicht repräsentativ; wie kann sie das sein, bei rund 205.000 bundesdeutschen Polizeibeamten. Wir haben bei der Bearbeitung der Interviews vor allem darauf Wert gelegt, die sprachlichen Eigenheiten unserer Interviewpartner nicht glattzubügeln. Wir hoffen, daß uns dies gelungen ist, und der Einzelne in seiner Besonderheit, in seinen Gedanken, seiner Sprache erkennbar wird.

Vorgegangen sind wir zweigleisig. Wir haben Freunde und Bekannte gefragt, ob sie Polizeibeamte kennen, die zu einem Interview bereit wären. Zugleich wandten wir uns an die Innenministerien verschiedener Bundesländer, stellten unser Projekt vor und baten um Interviewpartner. Die meisten zuständigen Stellen wollten mehr über uns und unsere Beweggründe erfahren. Nachdem wir diesem Wunsch nachgekommen waren, bekamen wir fast immer »grünes Licht«. Einzige Ausnahme: Die Antwort des Bayerischen Staatsministeriums des Innern steht bis heute aus. Am offensten begegnete man unserem Projekt in Nordrhein-Westfalen, wie wir überhaupt sagen müssen, daß wir »nördlich des Mains« mit Polizeibeamten leichter ins Gespräch kamen. Im Norden standen auch die Mehrzahl unserer Interviewpartner mit ihrem Namen zum Gesagten, während wir im Süden häufiger auf Vorsicht, Zurückhaltung, und vereinzelt auch auf Mißtrauen stießen, besonders in Bayern.

Insgesamt hat uns die Vielzahl der kritischen Aussagen eher überrascht, auch wenn man einwenden kann, daß die weniger kritischen Polizeibeamten an den Interviews nicht teilgenommen haben, weil sie daran kein Interesse hatten oder sich scheuten, ihre Meinung über ihren Dienst und ihre Organisation öffentlich kundzutun. Trotzdem: Die einzelnen Beamten zeigten sich offener als der Apparat selbst.

Wir haben auch erfahren können, daß Polizeibeamte keinen uniformen Menschentyp verkörpern – etwa mit einem Hang zum kritiklosen Gehorchen oder gar zum »Knüppeln« –, sondern daß es auch bei der Polizei die unterschiedlichsten Menschen gibt, die eben »nur« Uniformen tragen.

Auf der anderen Seite haben wir gerade durch die Berichte kritischer Polizeibeamter erfahren, wie viele ihrer Kollegen selbstkritischen Stimmen über die Polizei skeptisch bis feindselig gegenüberstehen; und wie gering oft die Toleranz ist gegenüber abweichenden (politischen) Meinungen und gegenüber solchen Kollegen, die diese auch zum Ausdruck bringen.

Vom »Staat der guten Polizey«
zur Diskussion um eine gute Polizei

Der Begriff »Polizei« umfaßt sowohl die Polizeigewalt, d. h. den staatlichen Auftrag, Gefahren abzuwehren und bereits eingetretene Störungen bzw. Gefahren für die staatliche Ordnung zu beseitigen, als auch die Polizei als Behördenorganisation einschließlich ihrer (Polizei)beamten, die zur Ausführung dieses staatlichen Auftrags erforderlich sind (Polizeiverwaltung).

Das Wort »Polizei« geht zurück auf »politeia«, den griechischen Ausdruck für Staat, Verfassung, Bürgerrecht. Übernommen in das Lateinische (politia), ist das Wort »Polizei« vermutlich über die burgundischen Kanzleien in die Kanzleisprache des Deutschen Reiches eingegangen. Die ersten Belege für den Gebrauch des Ausdrucks »Polizei« (spätmhd. polizi) durch die deutschen Gesetzgeber finden sich in Rechtssätzen aus den Jahren 1464–1495. Das Wort »Polizei« hat damit im deutschen Sprachraum eine fünfhundertjährige Geschichte.

Bis ins 18. Jahrhundert hinein verstand man unter »Polizei« neben dem die gesamte Verwaltung umfassenden guten Zustand des weltlichen Gemeinwesens die Herstellung und Erhaltung einer guten Ordnung durch Gefahrenabwehr und Wohlfahrtspflege. Dabei umfaßte der Polizeibegriff nicht nur Aktivitäten im Sicherheitsbereich, sondern schloß auch Finanzen, Justiz und Heerwesen mit ein. Die »Polizei« war also für sämtliche öffentlichen Aufgaben zuständig.

Handelte es sich im Deutschen Reich des 15. und 16. Jahrhunderts noch um einen »Reichsbewahrungsstaat«, der seine Aufgaben im wesentlichen in der Erhaltung von Frieden, Recht und Ordnung sah, so entwickelte sich im 17. und 18. Jahrhundert, im Zeitalter des Absolutismus, der eigentliche »Polizeistaat«. Dieser präsentierte sich als bürokratischer Verwaltungsapparat, der für sich das Recht des unbeschränkten Eingriffs in den Privatbereich der Untertanen, vor allem in Eigentum und Freiheit, zum Schutz der öffentlichen Ordnung in Anspruch nahm und sich damit als »Staat der guten Polizey« verstand. Zugleich ließ erst die neuzeitliche Staatsentwicklung im Absolutismus die Polizei im eigentlichen Sinne entstehen. Denn »Polizei«, verstanden als hoheitliche Zwangsgewalt zur Durchsetzung öffentlicher Aufgaben, setzte die Existenz eines Staates voraus.

Im Lauf des 18. Jahrhunderts erfährt der Polizeibegriff eine Einschränkung. Zunächst bürgerte sich neben anderen Inhalten ein institutioneller Polizeibegriff ein: man verstand – wie noch heute üblich – unter »Polizei« eine bestimmte Behörde und deren Mitglieder. Es wurden Beamte eingesetzt, die Dienstbezeichnungen wie »Polizeidirektor«, »Polizeikommissar« oder »Polizeiknecht« trugen und die keineswegs die gesamte Verwaltung des Innern übernahmen, sondern nur Sicherheitsaufgaben zu erfüllen hatten. Erstmals wurde also zwischen »Polizei« im materiellen Sinn (Polizei als gesamte Verwaltung des Innern) und institutionellen Sinn (Polizei als spezifische Behördenorganisation) unterschieden. Im Preußischen Allgemeinen Landrecht von 1794 ist diese Entwicklung dokumentiert. Die übrige innere Verwaltung, so etwa Wohlfahrt, das Finanz- und das Wirtschaftswesen, wurden vom örtlichen Magistrat oder schon von verschiedenen Kammern betreut.

Nach der Entstehung eines institutionellen Polizeibegriffs bildete sich im 19. Jahrhundert schrittweise ein engerer materieller Polizeibegriff, im Sinne »Polizei« = Aufgaben der Gefahrenabwehr, heraus. Diese Einengung war eine Folge des aufkommenden liberalen Verfassungs- und Rechtsstaates, in dem die gesamte Staatsgewalt einer rechtlichen Bindung unterstellt ist. Gesetze regelten die verschiedenen Verwaltungskompetenzen; der Polizei blieb allein die Gefahrenabwehr, was die Polizeigewalt des Staates beschränkte. Stellvertretend für die Entwicklung hin zum modernen materiellen Polizeibegriff – und zugleich ihren vorläufigen Abschluß markierend – steht das Preußische Polizeiverwaltungsgesetz vom 1. 7. 1931: »Die Polizeibehörden haben im Rahmen der geltenden Gesetze die nach pflichtmäßigem Ermessen notwendigen Maßnahmen zu treffen, um von der Allgemeinheit oder dem einzelnen Gefahren abzuwehren, durch die die öffentliche Sicherheit oder Ordnung bedroht wird.«

Der NS-Staat brachte durchgreifende Änderungen in die Organisationen, Aufgaben und die tägliche Arbeit der Polizei. Die Weichen dafür wurden teilweise schon in der Weimarer Zeit gestellt. So war der Ausgangspunkt für die Entwicklung der politischen Polizei Preußens vom Staatsschutzorgan der Weimarer Republik zur Geheimen Staatspolizei (Gestapo) der »Papen-Putsch« vom 20. 7. 1932. Der Staatsstreich richtete sich nicht nur gegen die damalige sozialdemokratische Regierung, sondern auch gegen die preußische Polizei. Diese, der politischen Rechten zu sehr »demokratisiert«, bildete eine wesentliche Stütze der Weimarer Republik und sollte deshalb ausgeschaltet werden. Nationalsozialistische und völkische Kräfte gewannen nun endgültig die Oberhand innerhalb der preußischen Polizei. Sie entfernten alle Demokraten und Anhänger der Republik aus der Organisation und schufen in Preußen, zunächst unter einem »konservativen« Deckmantel, die Basis, auf der später das Dritte Reich seine eigene Polizei aufbauen konnte.

Als Hitler am 30. 1. 1933 zum Reichskanzler ernannt wurde, hatte er die Polizei schon größtenteils auf seiner Seite. Die nationalsozialistischen Organisationen SA, SS und »Stahlhelm« waren zudem von Hermann Göring schon bald zur Hilfspolizei erklärt worden. Durch das »Berufsbeamtengesetz« wurde verfügt, jene Kräfte aus der Polizei zu »entfernen«, die als »nicht tragbar« galten und sie durch überzeugte Nationalsozialisten – in der Regel SA- und SS-Leute – zu ersetzen. In Preußen schieden allerdings von insgesamt 85.000 Beamten lediglich 2.668 aus. Die verbliebenen Beamten schlossen sich fast ausnahmslos der NSDAP an. Regimegegner fanden sich nach der Säuberung kaum noch in der Polizei. Im Gegenteil: Die Reichspolizeibeamten, vor allem die der Gestapo (1933 offiziell als »Geheimes Staatspolizeiamt« eingerichtet, zunächst Rudolf Diels unterstellt, ab 1934 von Heinrich Himmler geleitet) und der Sicherheitspolizei (SD, Sicherheitsdienst) bildeten zusammen mit der Schutzstaffel (SS) die Grundpfeiler der NSDAP und der Hitler-Diktatur, der sie zur Durchsetzung ihrer Macht- und Herrschaftsansprüche verhalfen.

Unter der Führung Himmlers und Heydrichs wurde die Polizei weiter ausgebaut und zentralisiert. Denn mit dem Übergang der Hoheitsrechte der Länder auf das Reich 1934 verloren die Länder auch ihre polizeilichen Hoheitsrechte. Zum ersten Mal in der deutschen Geschichte wurde das gesamte Polizeiwesen zusammengefaßt und zentral und einheitlich geleitet.

Dem Reichstagsbrand vom 27. 2. 1933 folgte die »Reichtagsbrandverordnung«, die sich über alle verfassungsrechtlichen Grundsätze hinwegsetzte. Das »Ermächtigungsgesetz« und die »Heimtückeverordnung« vom März

1933 läuteten den totalen Polizeistaat ein. Kurz darauf, im April 1933, wurde das Geheime Staatspolizeiamt offiziell eingerichtet. Das 2. Gestapogesetz vom November desselben Jahres erlaubte es den Beamten dieser Organisation, sich ihr Recht selbst zu schaffen und auch durchzusetzen. Die Gestapo besaß außerdem Weisungsbefugnis gegenüber der Ordnungspolizei, und ihr unterstand später auch der Inspekteur der Konzentrationslager. An keine gesetzlichen Vorschriften gebunden und juristisch nicht belangbar observierte die Gestapo das gesamte öffentliche Leben ebenso wie die private Meinungsäußerung. Ihre Aufgabe war es, alle »staatsgefährlichen Bestrebungen« zu erforschen und zu bekämpfen; »Staatsfeinde« wurden in die ersten offiziellen Konzentrationslager deportiert.

Die Polizeiaufgaben hatten sich im nationalsozialistischen Staat völlig verlagert. Die Judenpogrome im November 1938 waren staatlich organisiert. Im ganzen Reichsgebiet wurden Juden von Hitlers Polizei verhaftet, mißhandelt, ermordet. Nach dem Einmarsch deutscher Truppen in Polen reduzierte man die Polizei in Deutschland und schickte sie ins besetzte Ausland, um den dort bereits gut organisierten Widerstand aufzudecken und zu brechen. Bei den sogenannten »Osteinsätzen« in der Sowjetunion im Juni 1941 setzte die militärische Führung Polizeitruppen als Vorkommandos, – besser: Liquidierungskommandos – ein. Ungefähr 300.000 Juden sollen diesen Einsatzgruppen, die sich aus Beamten der Gestapo, der Kriminal- und Ordnungspolizei, Männern des Sicherheitsdienstes (SD) und Angehörigen der Waffen-SS zusammensetzten, zum Opfer gefallen sein.

Im Oktober 1941 begann eine massive Deportation der Juden in Konzentrationslager; die Organisation und Koordination lag bei der Gestapo. Im Amtsjargon hieß diese Deportation verharmlosend »Evakuierung«, »Abtransport« oder »Abschiebung«. Aber auch gegen die übrige Bevölkerung verschärfte sich nach Kriegsbeginn der Terror der Gestapo.

In der NS-Diktatur hat die Polizei keine Staatsanwaltschaft mehr anerkannt und die Justiz mißachtet. Sie schuf sich eigene Gesetze, die sich weder auf eine bestimmte Rechtsordnung noch auf moralisch-ethische Überzeugungen stützten. Die »ordentliche« NS-Justiz konnte am Ende nur noch über solche »Straftaten« entscheiden, die Polizei oder die Gestapo ihr überließen.

Die Polizei hat durch alle Etappen der NS-Zeit »funktioniert«. Sie war zu fast jedem Zeitpunkt Täter, und sie ist dabei zugleich gebraucht und mißbraucht worden.

Nach Ende des Zweiten Weltkrieges versuchten die Alliierten das deutsche Polizeiwesen zu entnazifizieren, zu dezentralisieren und zu demokratisieren. Ziel war es, die Polizeiaufgaben auf den Vollzugsdienst im Sicherheitsbereich, also auf die Bekämpfung der allgemeinen Kriminalität zu beschränken und die sonstigen öffentlichen Verwaltungstätigkeiten (z. B. Gesundheitsamt, vormals Gesundheitspolizei oder Bauaufsicht, vormals Baupolizei) von der Polizei abzutrennen. Neben dieser Neuregelung und Zweiteilung der Gefahrenabwehr (Vollzugspolizei – Ordnungsbehörde) wurde durch das Potsdamer Abkommen von 1945 eine grundsätzliche Trennung zwischen Exekutive und geheimdienstlicher Tätigkeit festgelegt, war doch der Staatsschutzdienst der NS-Polizei, die Gestapo, eine der wichtigsten Stützen der Hitler-Diktatur.

In der frischgegründeten demokratisch-föderalistischen Bundesrepublik wurde auch die Polizei nach demokratischen Gesichtspunkten aufgebaut. Durch das von den Polizeigouverneuren der Alliierten geforderte und in Artikel 30 des Grundgesetzes festgeschriebene Prinzip, daß Polizeiwesen und Polizeirecht grundsätzlich Sache der Länder sind, wurden zentrale Strukturen durch dezentrale ersetzt; dem Wiedererwachsen von Machtzentren sollte dadurch vorgebeugt werden. Innerhalb der Länder bildete man kleine Polizeibezirke unter ziviler Führung. Bis heute sind die jeweiligen Polizeipräsidenten keine Polizeibeamten, sondern sind den zuständigen Parlamenten verpflichtet.

Die Alliierten sorgten auch dafür, daß zunächst viele alte Nazis aus dem Polizeidienst entlassen und neue Beamte, die nicht politisch vorbelastet waren, eingestellt wurden. Bald kehrten jedoch viele, vor allem Beamte des höheren Dienstes, wieder an ihre alten Plätze zurück. Zum einen gelang es vielen, kurzzeitig unterzutauchen und sich den Verfahren zu entziehen, zum anderen konnten und wollten auch die Besatzungsmächte auf die Fach- und Sachkenntnisse der alten Polizei-Elite nicht verzichten. Vor allem auf gehobener und höherer Ebene drückte man dabei, was die politische Vergangenheit betraf, vielfach beide Augen zu. Ende der fünfziger Jahre waren z. B. in Nordrhein-Westfalen drei Viertel aller Polizeipräsidenten ehemalige Nazis.

Das Verbot einer Bundespolizei wurde 1949 von den Alliierten eingeschränkt, so daß 1951 das Bundeskriminalamt (BKA) gegründet werden konnte. Das BKA ist von seiner Aufgabenbeschreibung her eine polizeiliche Koordinationsstelle zwischen Bund und Ländern, die ihre Arbeit mit den Landeskriminalämtern (LKA) abzustimmen hat. Es leitet die Zentralfahndung, betreibt u. a. kriminalistische Forschung, erkennungsdienstliche Maßnahmen und es ist für die Bekämpfung des internationalen Waffen-, Sprengstoff- und Rauschgifthandels zuständig. Aus dem Aufgabenspektrum ist gut zu ersehen, wie eng die Gefahr einer erneuten Zentralisierung der Polizei und der Auftrag, national bzw. international übergreifend Verbrechen zu bekämpfen, beieinanderliegen.

Fast zeitgleich, also auch Anfang der fünfziger Jahre, begann die Aufstellung von Bereitschaftspolizeien durch die Bundesländer und des Bundesgrenzschutzes (BGS). Die Bereitschaftspolizei dient der Schulung und Ausbildung von Polizeibeamten, die zu diesem Zweck in Sammelunterkünften »kaserniert« sind. Eine weitere Aufgabe besteht darin, die mit dem Vollzugsdienst betrauten Polizeikräfte bei Bedrohung oder Störung der öffentlichen Sicherheit und Ordnung und bei etwaigen Großeinsätzen zu unterstützen. Das Gros der Beamten, die an den verschiedenen gesellschaftspolitischen Brennpunkten, z. B. Kalkar oder Wackersdorf, Dienst tun müssen, rekrutiert sich aus Bereitschaftspolizisten. Über ihren Einsatz entscheidet im Normalfall der Innenminister des jeweiligen Bundeslandes.

Der Bundesgrenzschutz (BGS), dessen Aufgabe anfänglich vor allem darin bestand, das Bundesgebiet gegen verbotene Grenzübertritte zu sichern, wurde 1973 gegen den Widerstand aus Polizeikreisen, insbesondere der Gewerkschaft der Polizei (GdP), zur Sonderpolizei des Bundes erhoben. Der BGS kann seither in besonderen Fällen zur Unterstützung der Länderpolizei mit herangezogen werden.

In der Kompetenz der Länder verblieben sind die Schutzpolizei und der größte Teil der Kriminalpolizei. Beide arbeiten bei der Verbrechensbekämpfung, -verhütung und in der Strafverfolgung zusammen und sind weitgehend organisatorisch integriert. Die Schutzpolizei bearbeitet in der Regel die Mehrzahl der »kleinen« und »mittleren« Kriminalität selbständig. Dazu kommen Ordnungswidrigkeiten und Verkehrsdelikte. Die Kriminalpolizei konzentriert sich vornehmlich auf Straftaten, die banden-,

WIR HALTEN FUR SIE DIE KOPFE HIN.

SAG JA ZUR DEMOKRATIE.
SAG JA ZUR POLIZEI.

gewerbs-, gewohnheits- oder serienmäßig begangen werden oder auf Gewaltverbrechen. Sie ermittelt z. B. bei nichtnatürlichen Todesfällen, Rauschgiftdelikten, schweren Sittlichkeitsverbrechen oder bei Raub und Erpressung. Zentraldienststelle der Kriminalpolizei in den einzelnen Bundesländern ist das Landeskriminalamt (LKA). Es hat Weisungs- und Koordinierungsbefugnisse, lenkt überörtliche Ermittlungen und ist für Fortbildung sowie bestimmte Verbrechensbereiche zuständig. Eine wichtige Funktion besteht im Sammeln und Auswerten von Nachrichten sowie in der Erstellung der Kriminalstatistik.

Bei insgesamt rund 205.000 Polizeibeamten ist die von der Innenministerkonferenz 1974 angestrebte »Polizeidichte« in der Bundesrepublik von einem Beamten je 400 Einwohner längst erreicht. Allerdings ist bei dieser Zahl zu bedenken, daß für die »normalen« Polizeiaufgaben die Beamten des BGS und die Bereitschaftspolizisten nicht zur Verfügung stehen. Sie kommen fast ausschließlich bei Großeinsätzen bzw. Demonstrationen zum Einsatz.

Ein Überblick über die einzelnen Polizeien ergibt folgendes Bild:

LÄNDERPOLIZEIEN*

Schutzpolizei	116.000
Kriminalpolizei	25.346
Bereitschaftspolizei	26.123
Wasserschutzpolizei	2.390
	169.859

BUNDESPOLIZEIEN

Bundeskriminalamt (1987)	3.632
Bundesgrenzschutz (1987)	24.500
Bayer. Grenzpolizei (1987)	3.000
Zoll (1982)	1.230
Bahnpolizei*	2.870
	35.232

Wenn auch die Bildung und Stärkung des BKA, der Ausbau des BGS zur Polizeitruppe des Bundes sowie die Aufstellung der Bereitschaftspolizeien vor dem Hintergrund veränderter polizeilicher Arbeitsbedingungen und innenpolitischer Spannungen (z. B. dem Terrorismus der RAF) zu sehen sind, so stellen diese Maßnahmen dennoch – zusammen mit dem Ausbau des Verfassungsschutzes – eine erhebliche innere Aufrüstung dar. Nicht jede Maßnahme zur Stärkung der genannten staatlichen Sicherheitsorgane ist mit der Forderung nach Aufrechterhaltung der »inneren Sicherheit« zu rechtfertigen. Dazu einige Zahlen: Der BGS besaß 1960 eine Stärke von etwa 17.500, 1980 waren es 25.000 Mann. Im BKA stieg die Zahl der Beamten im selben Zeitraum von 400 auf ca. 3.300. Bei den

---

* Stand: 15. 10. 85

23

Bereitschaftspolizeien gab es von 1960–1980 einen Zuwachs von fast 90.000 Mann. Dementsprechend vergrößert haben sich natürlich auch die finanziellen Mittel, die die jeweiligen Bundesregierungen für diesen Teil der Polizei aufwenden mußten.

Auf der anderen Seite ist es der Polizei vielerorts nicht mehr möglich, der »Alltagskriminalität« Herr zu werden – trotz vieler Überstunden (allein in Nordrhein-Westfalen sind es jedes Jahr 5 Millionen). Hier fehlen Beamte, die Gewerkschaft der Polizei nennt die Zahl von 50.000 Stellen. Immer häufiger werden Delikte nur noch verwaltet, d. h. nur noch aufgenommen, nicht aber bearbeitet. Mit der »Inneren Sicherheit«, versteht man darunter, daß die Bevölkerung sich vor Diebstählen, Vergewaltigungen oder anderen Verbrechen einigermaßen sicher fühlen kann, daß z. B. die Umwelt- und Drogenkriminalität nicht überhand nimmt, steht es nicht zum Besten – trotz einer Aufklärungsquote von etwa 40 %. So rechnet man in Polizeikreisen für die nächsten Jahre allein beim Drogenhandel mit einer Zunahme von 20–30 %.

Polizeirecht
Für die rechtliche Ausgestaltung des Polizeiapparats war das Preußische Polizeiverwaltungsgesetz von 1931 (PrPVG) richtungsweisend. Seine Grundsätze haben in die Polizeigesetze der Bundesländer – die von den verschiedenen Besatzungsmächten mitgeprägt wurden – Eingang gefunden. Einzig im Saarland gilt das PrPVG noch unverändert. Vor allem im institutionellen, organisatorischen Bereich bestehen zwischen dem jeweiligen Polizeirecht der einzelnen Bundesländer erhebliche Unterschiede, während das materielle Polizeirecht weitgehend übereinstimmt. Die

unterschiedlichen, den geltenden Polizeigesetzen der Länder zugrundeliegenden Rechtssätze sollen derzeit in einem bundeseinheitlichen Polizeigesetz zusammengefaßt und ergänzt werden. Allerdings liegt es bisher nur in einem von dem Innenminister der Länder beschlossenen Musterentwurf vor.

Aufgabe der Polizei sei es, »im Rahmen der geltenden Gesetze die nach pflichtmäßigem Ermessen notwendigen Maßnahmen zu treffen, um von der Allgemeinheit oder dem Einzelnen Gefahren abzuwehren, durch die die öffentliche Sicherheit oder Ordnung bedroht wird«. So formuliert es das HSOG, das Hessische Gesetz über die öffentliche Sicherheit und Ordnung. Voraussetzung für ein Eingreifen der Polizei ist aber nicht nur eine tatsächliche akute Gefahr, sondern auch das Vorliegen eines öffentlichen Interesses (was z. B. bei Alkoholmißbrauch nicht unbedingt der Fall sein muß). Durch die Einschränkung des „pflichtmäßigen Ermessens" wird der Polizei ein Entscheidungsspielraum gewährt, der besonders in Situationen, in denen eine gewisse Rechtsunsicherheit herrscht – wenn es keine Gesetzesvorlage oder keine Dienstvorschrift gibt –, von Bedeutung ist.

Kommt es zu einem Einschreiten der Polizei, so muß ihr Vorgehen »notwendig« und »verhältnismäßig« sein, d. h. die Folgen müssen in einem vernünftigen Verhältnis zu der abzuwehrenden Gefahr stehen. Polizeilicher Willkür soll dadurch vorgebeugt werden, insbesondere was den Gebrauch von Schußwaffen betrifft. So will es das Gesetz, das eindeutig formuliert, was sich in der Öffentlichkeit als heftig umstritten herausstellt.

So ist nach dem Gladbecker Geiseldrama im August 1988 der sogenannte »finale Rettungsschuß« wieder in die Diskussion gekommen: eine Ermächtigung, die es der Polizei »erlaubt«, den Täter zu töten wenn anders öffentliche

Sicherheit und Ordnung nicht wiederherzustellen sind und das Ausmaß der Gefährdung einen solchen Schritt unabweisbar notwendig macht. Aus verfassungsrechtlichen und polizeitaktischen Gründen wird seitdem erneut eine bundesweit einheitliche Regelung gefordert. Diese liegt im Musterentwurf von 1977 zwar vor, allerdings ist sie bisher nur von Bayern, Niedersachsen und Rheinland-Pfalz übernommen worden. Andere Länder wie z. B. das Saarland, das gegen eine einheitliche Regelung des »finalen Rettungsschusses« ist, begründen ihre ablehnende Haltung damit, daß die geltenden Vorschriften über Notwehr und Nothilfe ausreichten.

Ebenfalls umstritten ist die Bewaffnung der Polizei mit dem Reizgas CS. Von der Polizei vor allem bei Demonstrationen als Distanzwaffe eingesetzt, soll es unter anderem den Einsatz von Schlagstöcken hinausschieben oder ersetzen. CS-Gas, das weniger giftig ist als das Tränengas CN, aber schneller wirkt, führt bei den Getroffenen vor allem zu einer Art psychologischer Atemnot und einer schockartigen Handlungsunfähigkeit bzw. Panik. CS-Gas gehört zum Arsenal der bundesdeutschen Polizei, obwohl sein Einsatz laut Genfer Konvention international geächtet ist.

Über die Rechtmäßigkeit bzw. Verhältnismäßigkeit des CS-Gas-Einsatzes am 31. 3. 1986 in Wackersdorf, bei dem ein bereits asthmakranker Mann – vermutlich an den Folgen des Gases – starb und der bei zwei weiteren Demonstranten eine heute noch andauernde Allergie auslöste, streiten auch die Gerichte. Urteilte das Regensburger Verwaltungsgericht, »die unbestritten gefährlichen Reizstoffe CS und CN« hätten »gegen Personen in einer Menschenmenge nur eingesetzt werden dürfen, wenn ihre Anwendung für die Unbeteiligten eindeutig vorhersehbar war«, war der Bayerische Verwaltungsgerichtshof der Meinung, daß die Art und Weise des Polizeieinsatzes am Ostermontag 1986 rechtmäßig und »unvermeidlich« gewesen sei. Die gesundheitlichen Schäden der Kläger hätten »nicht zu einer Unverhältnismäßigkeit der letztlich auf die Abwehr eines bürgerkriegsähnlichen Gesamtgeschehens gerichteten Mittels« geführt. Dieses Urteil wurde in letzter Instanz vom Bundesverwaltungsgericht in Berlin im Oktober 1988 bestätigt.

Schon seit Jahren steht auch die Forderung nach einem »Vermummungsverbot« von Demonstranten auf der Wunschliste bundesdeutscher Sicherheitspolitiker. Zwar hat die Polizei die Pflicht, begangene Straftaten zu verfolgen. Das damit ausgesprochene Legalitätsprinzip, das die Polizei grundsätzlich zum Einschreiten zwingt, gilt jedoch nicht für die Verfolgung von Ordnungswidrigkeiten. Diese liegt im »pflichtmäßigen Ermessen« der Polizei. Bisher galt eine Vermummung bei einer Demonstration als Ordnungswidrigkeit und wurde mit einer Geldbuße bis zu 1.000,– DM bestraft. Der Vorteil dieser Regelung war, daß sie der Einsatzführung einen Ermessens-Spielraum ließ. Wurden tatsächlich bei einer Demonstration Gewalttätigkeiten begangen, konnte die Polizei schon nach dem alten Recht dazu auffordern, auseinanderzugehen oder die Vermummung abzulegen. Dann war die Vermummung nicht mehr Ordnungswidrigkeit, sondern Straftat. Das neue, strafbewehrte Vermummungsverbot bei Demonstrationen läßt der Polizei keinen Raum für taktische Erwägungen. Sie muß eingreifen, auch wenn die Demonstration zunächst friedlich ist, und auch dann, wenn sich unter 50.000 Demonstranten nur 50 Vermummte befinden, und das Risiko hoch ist, daß erst dieses Einschreiten der Polizei gewalttätige Auseinandersetzungen auslöst.

Kritisch zu bewerten im Hinblick auf eine Neuordnung des Polizeirechts ist der Entwurf der derzeitigen Regierungsfraktionen im Hessischen Landtag zur Novellierung des Hessischen Gesetzes zur Sicherheit und Ordnung (HSOG). Es stellt den Versuch dar, die Aufgaben der Polizei neben der Gefahrenabwehr auf die vorbeugende Verbrechensbekämpfung auszudehnen. Was im Ansatz – wenn auch vom bisherigen Recht abweichend – sinnvoll erscheinen mag, entpuppt sich bei näherem Hinsehen als ein Mittel zur Einschränkung der Bürgerrechte bei gleichzeitiger Erweiterung polizeilicher Befugnisse. So sollen verdeckte Ermittlungen gegen Personen, gegen die keine konkreten Verdachtsmomente vorliegen, ebenso erlaubt sein wie das Anlegen von verdachtsunabhängigen Datensammlungen. Unter dem Schutz des neuen juristischen Begriffs »Straftaten von erheblicher Bedeutung« soll es der Polizei in Zukunft gestattet sein, ihren »Eingriffsrahmen« selbst abzustecken. Der Polizei obliegt es dann auch, zu definieren, was »deliktträchtige Räume« sind, sie kann auch ziemlich willkürlich bestimmen, ob Zwangsvorführungen oder Personenprüfungen durchzuführen sind. Wenn der zuständige Innenminister dazu erklärt, der Polizei werde so »ein am Einzelfall orientiertes flexibles Einschreiten ermöglicht«, so kann dies auch als Versuch gewertet werden, die Tendenz hin zum autoritären Sicherheitsstaat zu verdecken bzw. zu umschreiben. Das stellt eine problematische Vermischung der Aufgaben der Polizei und des Verfassungsschutzes dar. Randgruppen, kritische Teile der Gesellschaft können so vorsorglich überprüft und überwacht werden. Der Polizeistaat winkt.

In die gleiche Richtung zielt die Verschärfung des bayerischen Polizeiaufgabengesetzes vom März 1989, die unter anderem die Verlängerung der Vorbeugehaft ermöglicht. Statt wie bisher 48 Stunden wird die Polizeihaft auf zwei Wochen ausgedehnt. Außerdem ist der Personenkreis, der von einer Polizeihaft bedroht ist, erheblich ausgeweitet worden. So droht die »Verdachtshaft« selbst jenen, deren

»Begleitpersonen Waffen, Werkzeuge oder sonstige Gegenstände« mitführen oder jenen, die eine »größere Anzahl Flugblätter oder Transparente« mit sich führen. Nicht nur die Opposition im bayerischen Landtag sieht in dieser Verschärfung eine Aushöhlung der Grundrechte, auch Richter und Staatsanwälte bezeichnen diese Gesetzesänderung als verfassungsrechtlich bedenklich.

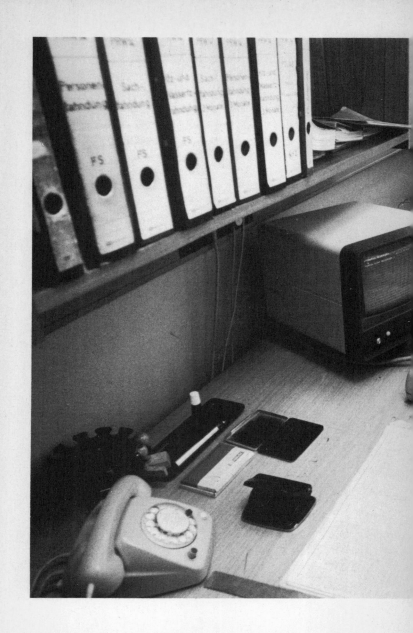

»Die edle Aufgabe der Polizei
ist die Prävention«

»Regelmäßig ein warmes Essen«

Lothar Quandt, 55, heute Polizeihauptkommissar, ging in der Nachkriegszeit zur Berliner Polizei.

1945 besuchte ich die Mittelschule. Durch die Nachkriegs-wirren und die mangelhaften Möglichkeiten der Lehrer, uns Schülerinnen und Schüler den Lehrstoff zu vermitteln, fielen die Abschlußergebnisse im Durchschnitt schlecht aus. Die Lehrer und wir litten unter Hunger. Unterricht fand kaum statt. Heute würde man sagen: Es herrschten chaotische Zustände. Es gab kein Schreibpapier, keine Schulbücher, um einen ordentlichen Regelunterricht durchzuführen. Es fehlten auch die qualifizierten Lehrer. Ja, so war es damals.

Nach dem schlechten Mittelschulabschluß stand ich da, arbeitslos. Um die vielen arbeitslosen Jugendlichen zu beschäftigen, wurden von der damaligen Berliner Verwaltung sogenannte »Jugendnotstandsprogramme« durchge-führt.

Zuerst habe ich bei einer Firma gearbeitet, die von den Alliierten mit der Umbettung von Gefallenen und der Grabpflege beauftragt war. Unsere Arbeit bestand darin, daß wir Jugendlichen getötete Soldaten, die im Kampf um Berlin gefallen und an Ort und Stelle verscharrt worden waren, ausgraben mußten, um sie auf Friedhöfen beizuset-zen. Diese Arbeit dauerte jeweils ein halbes Jahr, zur offenen Jahreszeit, vom Frühjahr bis zum Spätherbst. Während der Winterzeit war man wieder arbeitslos. So lebte ich von einem Jahr zum anderen.

1952 las ich in der Zeitung, daß die Berliner Polizei Nachwuchskräfte sucht. Ich meldete mich. Vor der Einstel-lung fand eine kurze Prüfung statt. Eine ärztliche Untersu-chung, anschließend eine Sportprüfung und eine Art Intel-ligenztest, bestehend aus einem Diktat, einem Aufsatz und einigen Rechenaufgaben. Hatte man alle Prüfungen bestanden, wurde man eingestellt. Damals war man dankbar. Es gab regelmäßig ein warmes Essen und man lebte in beheizten Räumen. Ich nahm meinen Dienst bei der Polizei am 1. 2. 1952 auf und kann heute rückschauend sagen, daß ich eine sehr gute Ausbildung hatte. Einschränkend muß ich jedoch hinzufügen: eine gute militärische Ausbildung. Eine Ausbildung, wie sie die jungen Polizeianwärter heute nicht erleben. Meine Ausbilder, ehemalige Obergefreite, Unteroffiziere und Offiziere, wurden von der aufgelösten Wehrmacht übernommen. Sie beherrschten ihren Auftrag und bildeten uns an allen nur denkbaren Waffen aus. Die Polizei verfügte damals über Panzerabwehrrohre, Maschinenpistolen, schwere Maschinengewehre, Granatwerfer, Handgranaten – ganz besonders ist mir noch in Erinnerung, daß die Karabiner, die uns von den Franzosen zur Verfügung gestellt wurden, mit einem Bajonett zu versehen waren. Kaum vorstellbar, denn diese Waffen, die ich aufgezählt habe, sind ja geeignet einen Krieg zu führen.

Begleitet wurde diese »militärische« Ausbildung von Unterricht in Strafrecht, Verkehrsrecht, Polizeirecht und Staatsrecht. Verkehr auf unseren Straßen wie er heute stattfindet gab es damals nicht. Auf Berlins Straßen fuhren in diesen Jahren nur etwa 30–60.000 Kraftfahrzeuge. Ich mußte auch eine gute sportliche Ausbildung absolvieren, für die ich heute dankbar bin. Sport war für mich immer ein Ausgleich für die strenge militärische Ausbildung. Wir mußten fast jeden Sonnabend an Ausmärschen von 20 bis 25 Kilometern teilnehmen und das mit Waffen und Gerät. Diese Ausmärsche führten durch die Vororte Berlins und dabei wurde auch gesungen.

Von der Berliner Bevölkerung wurden wir immer freundlich begrüßt. Heute wäre das kaum vorstellbar. Dann würde sofort am anderen Ende der marschierenden

Einheit eine Demonstration stattfinden. Mit 18 Jahren hat man sich keine Gedanken darüber gemacht, wir haben es als gegeben hingenommen und uns auf das Wochenende gefreut. Aus dem häuslichen Bereich konnten wir keine Unterstützung erwarten. In unserer Stadt gab es auch keine Politiker oder andere Gruppen, die gesagt haben: Was die Polizei macht, ist ja die reinste militärische Ausbildung. Das wurde von allen geduldet, von den Alliierten und den verantwortlichen Politikern.

Nach der Grundausbildung und Bereitschaftszeit in den Kasernen mußten wir die Polizeischule absolvieren. Hier wurden wir auf unseren Beruf vorbereitet, unsere Grundkenntnisse wurden vertieft und andere Fächer kamen hinzu. Heute würde ich sagen, daß eine begleitende psychologische Betreuung völlig fehlte. Der Unterricht und die ergänzende Ausbildung bestand darin, daß man uns einbleute, daß es für uns bloß eins gibt: den polizeilichen Gegner. Bezeichnenderweise hat man in Berlin immer gesagt: Das sind »die Roten«. Und dann gab es noch »die Kriminellen«. Beide galt es zu verfolgen. Das war auch die politische Tendenz jener Zeit, getragen von den Besatzungsmächten.

Frauen fanden damals kaum Zugang zur Polizei und wenn, verschwanden sie schnell in den Schreibstuben. Ich begrüße es sehr, daß die Polizei sich heute geöffnet hat und den Frauen Zugang zu allen Laufbahnen ermöglicht. Die Ausbildung und der Unterricht haben sich heute sehr verändert. Die jungen Kolleginnen/Kollegen werden auf den Menschen vorbereitet. Auf den Menschen, der Fehler macht, auf den Menschen, der gefehlt hat und auf Menschen, die einer anderen sozialen Schicht angehören.

Was mir nicht gefällt ist, daß der Mensch, dem man früher oder später gegenübertreten muß, daß dieser Mensch nicht in mir den Menschen sieht, der seinem Beruf nachgeht. Wenn der Autofahrer zu schnell fährt, ist es meine Aufgabe, ihn darauf hinzuweisen, daß er die Verkehrsvorschriften zu beachten hat und je nachdem welcher Art der Verstoß ist, eine mündliche Belehrung auszusprechen bzw. eine Sanktion anzukündigen. Ich selber neige mehr zu einer mündlichen Verwarnung als zu einer schriftlichen Berichterstattung. Mein Bestreben ist es, auf den Menschen einzugehen. Hier sehe ich die größten Erfolge, besonders wenn der Betreffende aus dem kriminellen Bereich kommt. Gerade hier müssen Ansatzpunkte beim Zusammentreffen von jungen Leuten gefunden werden. Ich selber habe noch keinen alten Kriminellen erlebt, alt, sagen wir mal, 45 Jahre und älter, der noch zu resozialisieren wäre.

Bezogen auf die politischen Verhältnisse hier in Berlin habe ich den Eindruck, daß der Polizei die Aufgabe übertragen werden soll, die durch die Politik verursachten sozialen Mißstände zu korrigieren. Dieses kann und darf nicht die Aufgabe der Polizei werden. Ein Wort nur: Kreuzberg! Ich bin seit zehn Jahren in diesem Bezirk tätig und darf Ihnen sagen, alle bisher verantwortlichen Parteien haben versucht, diesen Bezirk mit der Abrißbirne zu sanieren. Radikal und ohne Erfolg. Kreuzberg ist ein sozial schwacher Bezirk, es gibt keine Großindustrie, mit zwei Ausnahmen, ansonsten Kleinbetriebe und Wohnhäuser, die im Durchschnitt 70–100 Jahre alt sind. Die meisten hatten bis zum Beginn der Sanierungsmaßnahmen keine sanitären Einrichtungen, die Toiletten z. B. befanden bzw. befinden sich auf den Treppenfluren. Wenn ich mir heute in diesem Bezirk die neuen »Wohnsilos« am Kottbusser Tor oder Mehringplatz anschaue, so sind die Mieten von einem Kreuzberger Bürger kaum zu bezahlen: zwischen 800 und 1.600 Deutsche Mark. Diese Wohnsilos haben dem Bezirk sehr, sehr viel Schaden zugefügt. Heute ist man zu der Erkenntnis gekommen, daß hier behutsam saniert werden muß. Damals fehlten diese Überlegungen.

Dieser Bezirk kann nur in Zusammenarbeit mit allen Betroffenen, den Bürgern des Kiezes, den sozial schlecht gestellten, den kleinen Geschäftsleuten und den Gastarbeitern, die schon seit 20 Jahren hier arbeiten oder Geschäfte betreiben, beruhigt werden. Nach den derzeitigen Feststellungen stehen zur Zeit in Kreuzberg 20 Häuser und einige kleine Fabrikationsstätten leer. Das sind ca. 2.000 bis 3.000 Wohnungen, die natürlich sanierungsbedürftig sind. Was die Eigentümer damit bezwecken, ist schwer durchschaubar. Nach wie vor ist die Polizei damit betraut, diesen leerstehenden Wohnraum zu schützen. Eine Aufgabe, die von den Kolleginnen/Kollegen nicht verstanden wird. Der jetzige Senat (damals noch CDU/FDP, d.V.) ist nicht untätig. Seine Bemühungen gehen auch dahin, die sozialen Mißstände aufzuarbeiten und nach anderen Lösungen zu suchen.

Ich persönlich bin der Meinung, daß es nicht die Aufgabe der Polizei ist, die Fehler der Politiker zu korrigieren. Die Verantwortlichen sollten sich hüten, das Machtmonopol des Staates einzusetzen, um Fehlentscheidungen zu verschleiern.

Bezogen auf meinen Dienst halte ich es nicht für meine Aufgabe, Spekulationsobjekte von Immobilienhändlern zu schützen. Die Polizei ist mit anderen Aufgaben betraut. Ihr Auftrag wird eindeutig durch das Gesetz bestimmt.

Ich bin der Meinung, daß Sicherheit und Ordnung mit rechtsstaatlichen Mitteln und unter der Beachtung der Verhältnismäßigkeit gewährleistet sein müssen. Von der Polizei darf keine »häßliche Gewalt« ausgehen. Die jungen Kolleginnen und Kollegen sollten in der Ausbildung ständig daran erinnert werden, daß sie es mit dem Bürger als gleichberechtigtem Partner zu tun haben.

»Die edle Aufgabe der Polizei ist die Prävention«

Ernst Sterba, 46, Polizeihauptkommissar in Stuttgart.

Ich interessiere mich für aktive Basispolitik, aber ich strebe kein höheres Amt in der Politik an. Ich bin im Arbeitskreis Polizei der CDU tätig, dort als stellvertretender Bezirksvorsitzender. Und dies ist das höchste Amt, das ich überhaupt anstrebe. Darüber hinaus bin ich in Sicherheits- und Verteidigungsfachausschüssen sowie im Stadtverband meines Heimatortes Freiberg am Neckar tätig. Immer in den arbeitenden Bereichen, fast immer als Schriftführer.

Zum Polizeidienst bin ich folgendermaßen gekommen: Ich hab mit 13 Jahren eine Lehre bei der deutschen Bundespost im einfachen Dienst begonnen. Mitte der fünfziger Jahre konnten nur die wenigsten auf die Gymnasien gehen. Als Sohn eines Waldarbeiters gehörte ich zu der Masse, die einen Beruf erlernen mußte. Und eine Arbeit bei der Deutschen Bundespost erschien meinen Eltern als sicherer Beruf.

Ich bin dann mit 18 Jahren zur Bundeswehr gegangen, hab dort als Funker begonnen und als Fernmeldeoffizier und Fernmeldezugführer meine Dienstzeit nach 12 Jahren beschlossen. Ich hab also für den Polizeidienst eine einschlägige Vorbildung mitgebracht. Mit 30, nach Abschluß der Fachhochschule für Verwaltung, war ich vor die Frage gestellt, welchen Beruf ich ergreifen soll. Und nach 12 Jahren im öffentlichen Dienst überlegt man sich natürlich, ob man einen freien Beruf wählt oder im öffentlichen Dienst bleibt. Ich hab mich dann entschlossen, zur Polizei zu gehen, weil ich hier ein Höchstmaß an Übersetzungsmöglichkeiten von eigenen Befähigungen aus der Vorbildung gesehen hab. Und mir war auch bekannt, daß die Bezahlung bei der Polizei nicht schlecht ist.

Die Ausbildung bei der Bereitschaftspolizei war natürlich besonders geprägt durch meine lange Bundeswehrdienstzeit. Formaldienste wie z. B. Marschieren lernen oder nach Kommando irgendwelche Bewegungen ausführen, blieben mir völlig erspart, weil ich da etwas erfahrener war als meine Ausbilder. Das gleiche traf auf die Schießausbildung zu. Also mir wurde bei der Bereitschaftspolizei viel erspart. Ich hab mich auch schon nach 10 Monaten zur Prüfung gemeldet und konnte dann nach bestandener Prüfung meinen Polizeidienst in einem Landbereich, in Aalen, beginnen.

Die Gegend um Aalen ist eine Stahlregion, wo im Metallfach etwa 45.000 Menschen arbeiten. Und diese Menschen dort sind von besonderem Gepräge. Sie sind besonders robust, rauh, ehrlich auf ihre bestimmte Art, aber auf ihre Art auch viel härter als Großstadtmenschen. Dort auf dem Lande hab ich auch die Feststellung gemacht, daß die Bevölkerung hinter ihrer Polizei steht, daß der Polizeibeamte ein hohes Maß an Achtung genießt. Das war 1972.

Zu einem späteren Zeitpunkt, nach meiner Ausbildung für den Gehobenen Dienst, kam ich als Dienstgruppenleiter nach Ludwigsburg und dort sah der Alltag völlig anders aus. Während in Aalen, einem Landrevier, ein Unfall oder eine Hausstreitigkeit sehr sorgfältig bearbeitet werden konnten, war dies in Ludwigsburg nicht möglich. In Aalen war die Zeit dazu da; immer wieder in den Nachtdiensten nach Mitternacht – nach 24 Uhr wurden die Gehsteige hochgeklappt – hatten wir Gelegenheit, in aller Ruhe unsere Vorgänge zu bearbeiten. Wir sind nie in Verzug geraten oder mit Terminen in Schwierigkeiten gekommen. In Ludwigsburg hab ich dagegen ganz andere Dinge erlebt. Diese Sorgfalt, die auf dem Landrevier noch eingehalten werden konnte, war hier in der Stadt nicht mehr einzuhalten. Hier kamen manchmal an einem Tag sieben, acht Unfälle, drei, vier Hausstreitigkeiten, es ging Schlag auf Schlag. In der Regel waren von den 14 Beamten der Dienstgruppe nur fünf oder sechs im Dienst und die waren völlig überfordert, sauber etwas aufzuarbeiten. Das hat sich letztendlich so ausgewirkt, daß die Kollegen vor Gericht bei der Beweisaufnahme oft nur die Hälfte aller wesentlichen Dinge aufgreifen konnten, sauber, mit Tatbefundsaufnahme, und so kamen sie als Zeugen vor Gericht in die Bredouille. In Aalen war die ganze polizeiliche Vor- und Ermittlungsarbeit so sauber vorbereitet, daß vor Gericht keine besonderen Schwierigkeiten mehr aufgetreten sind, außer in Einzelfällen mal, wo besondere Randbegebenheiten vorlagen. Aber in Ludwigsburg hat es sich so ausgewirkt – auch durch mehr städtisch geprägte Richter –, daß die Richter, Staatsanwälte, Rechtsanwälte immer etwas gefunden haben, wo sie die Glaubwürdigkeit des Kollegen in Zweifel ziehen konnten. Es mußte einer schon ziemlich erfahren und viele Jahre im Geschäft sein, bevor er einigermaßen sicher und ohne Bangen vor Gericht als Zeuge auftreten konnte.

Inzwischen dürfte sich die Personalsituation etwas entschärft haben, durch neue Sicherheitspläne ist etwas mehr Personal dazugekommen; auch hat man die Verantwortungsbereiche verändert. Heute werden die Dienstgruppen durch die Bank von Beamten des Gehobenen Dienstes mit besserer Ausbildung geführt. Aber ich glaube, das Problem besteht immer noch, daß man in den Großstädten in bestimmten polizeilichen Schwerpunktbereichen unter wesentlich stärkerem Streß steht als eben in den Kleinstadtrevieren.

Der normale Tagesablauf des Streifendienstes beginnt bei Schichtübernahme, in der Regel immer eine halbe Stunde vor der eigentlichen Dienstzeit. Dann wird übergeben, d. h., die Strafnachrichten, die von der Staatsanwaltschaft zurückkommen. Das sind meistens ganze Berge. Dann kommen die Fahndungsfernschreiben, dann z. B. auch die Sperrzeitverlängerung der Stadt. Die müssen durchgelesen werden. Jeder Beamte sollte das alles im Kopf behalten. Man muß bedenken, daß heute in einem Großstadtrevier wie z. B. Ludwigsburg ein Stapel von rund 130, 140 Informationen auf einmal auf dem Tisch landen. Jeder sieht wohl ein, daß kein Mensch in der Lage ist, diese Informationsmenge auf einmal in sich aufzunehmen und dann auch noch im Detail auszuwerten. Man hat in der Vergangenheit schon viele Überlegungen angestellt, wie man dies verbessern könnte, aber es scheiterte immer an irgendwelchen anderen Problemen. Sicher hat dieser Wust an Papier für alle, die dieses Papier herausgeben, eine gewisse Alibifunktion. Das klingt zwar etwas kritisch, aber man muß zweifellos sagen, man überfordert damit die Kollegen vor Ort.

Nach dieser Übergabe besteht bereits eine Streifeneinteilung und die ersten Streifen gehen auf die Straße. Es gibt so das durchschnittliche Mittel, daß 50 Prozent immer auf der Straße sind und 50 Prozent aufarbeiten. In der Wirklichkeit sieht es aber so aus, daß zu den Stoßzeiten alle auf der Straße sind, daß also keine oder wenig Gelegenheit besteht, irgendwelche Dinge zu erklären, Ermittlungen durchzuführen oder Vernehmungen, Ladungen zu schreiben, was alles so zum Polizeiberuf gehört. Dies muß der Polizeibeamte auf Zeiten außerhalb der Stoßzeiten verlegen. Und das ist meistens die späte Nachtzeit. Tagsüber bekommt er selten Gelegenheit dazu.

Hinzu kommt, daß der Streifendienst die Feuerwehr der Polizei ist. Was auch immer passiert – Absperren, erste Maßnahmen ergreifen, bei Schlägereien und Verkehrsunfällen – er muß zuerst am Ort sein. Entsprechend ist der

Nervenverschleiß für diese Tätigkeit. Dann noch der Schichtdienst, ein Arbeitsrhythmus – Nachmittagsdienst von 13–20 Uhr, am nächsten Morgen von 6–13 Uhr und in der darauffolgenden Nacht von 20–6 Uhr –, der den Körper überhaupt nicht zur Ruhe kommen läßt. Da reichen die zweieinhalb Tage dienstfrei, die darauf folgen, nicht zur völligen Regeneration aus. In der Regel geht man in die nächste Nachtschicht bereits mit etwas weichen Knien. Und solange man im Streifendienst ist, solange bleiben diese weichen Knie. Mit der Zeit macht sich dann auch eine gewisse innere Resignation breit durch die Problematiken, die da entstehen. Wenn man einen mit viel Arbeit, Aufwand und unter Gefahren festgenommen hat und sieht ihn nachher etwa wieder lächelnd, hohnlächelnd, auf der Straße – da gibt es ganz erhebliche Frustrationen.

Der Polizeibeamte muß sich auch im Grunde von jedem Betrunkenen eine Flut von Schimpfwörtern anhören, was für die Psyche auch nicht immer gut ist. Abreagieren kann er sich im Rahmen des Gesetzes nicht, infolgedessen sind die Adrenalinschübe alle unverdaut. Dies wirkt sich aus in entsprechenden psychischen Reaktionen, in Magengeschwüren und in ähnlichen typischen Schichtkrankheiten. Dazu eben immer der psychische Streß, wobei ich meine, daß das Problem der Angst eigentlich gering ist. Bei einem erfahrenen Streifenbeamten, der mal ein paar Jahre auf der Straße war, ist die Angst weitgehend abgeklungen. Er hat lediglich noch eine gewisse Unsicherheit, eine Rechtsunsicherheit, weil es in unserer Rechtsprechung viele Sonderurteile gibt, viele Gerichtsurteile sich widersprechen und der Polizeibeamte deshalb nie hundertprozentig sicher weiß, ob seine Handlungsweise nun so ist, daß sie vom Gericht gebilligt wird oder nicht. Rund ein Drittel aller Fälle in der Praxis kann in die allgemeinen 08/15-Gesetzesnormen nicht eingeordnet werden; das sind also Präzedenzfälle, die von unterschiedlichen Gerichten auch in unterschiedlicher Weise nachher beurteilt werden.

Ein wichtiger Aspekt der Polizei ist die Prävention. Die Polizei hat ja nicht nur die Aufgabe, repressiv irgendwelche Straftäter zu verfolgen, das wäre das Pferd von hinten aufgezäumt. Die edle Aufgabe der Polizei ist erst einmal die Prävention, die Vorbeugung. Allein durch mein Erscheinen kann ich viel bewirken. Wenn ich z. B. in Uniform an einer Stelle auftauche, an der ein nicht ganz solider Knabe einen Automaten knacken will, dann wird er es wohl bleiben lassen, solange ich in der Nähe bin. Und allein die Anwesenheit, die natürlich monetär nicht umgerechnet werden kann, aber durchaus einen sehr hohen Stellenwert besitzt, hat bisher bei uns amerikanische Verhältnisse verhindert. Es ist sehr wichtig, da dranzubleiben, präventiv zu wirken. Der präventive Bereich kommt allerdings, politisch gesehen und auch in der Öffentlichkeit etwas zu kurz. Denn wenn ein Schutzmann an der Kreuzung steht und verschränkt womöglich noch die Arme oder steckt die linke Hand in die Hostentasche, dann bezeichnet ihn der oberflächliche, dümmliche Passant als Faulenzer. Im Privatleben wird er dann auch noch ständig angesprochen wegen Falschparkern, wobei die Leute ein sehr geringes Unrechtsbewußtsein zeigen.

Ein Bereich der Schutzpolizei ist der Wirtschaftskontrolldienst, der auch für die Belange des Umweltschutzes zuständig ist. Ich messe hier gerade dem Bereich des Gefahrguttransportes eine besondere Bedeutung bei, weil etwa 300 Millionen Tonnen an gefährlichen Gütern jedes Jahr über Baden-Württembergs Straßen rollen. Dabei geht ganz unter, daß etwa 10–12.000 schwere Gefahrgutunfälle jedes Jahr passieren. Ich möchte ein Beispiel erzählen, das sehr gut verdeutlicht, wie ständig präsent die Gefahr ist: In Missisauga in Kanada ist Mitte der siebziger Jahre ein

Eisenbahnwaggon mit Chlorgas umgekippt und wurde geringfügig undicht. Man mußte deshalb um Toronto, also in der Umgebung von Missisauga 750.000 Menschen evakuieren und das über einen Zeitraum von 10 Monaten. Man stelle sich vor, man evakuiere Stuttgart und Umgebung oder den Bereich um Frankfurt 10 Monate lang. Welch fürchterliche persönliche Einschnitte in das Leben jedes einzelnen das sind. Und nicht nur Chlorgas fährt auf Baden-Württembergs Straßen, auch explosive, brennbare Stoffe und solche Stoffe, die das Grundwasser verunreinigen. Wenn da der Feuerwehrmann mit seiner großen Spritze kommt oder der Polizeibeamte glaubt, er müsse auf irgendwas einen Eimer Wasser draufgießen, dann könnte viel danebengehen.

Natürlich darf man den Bereich Umweltschutz nicht überbewerten, weil viele hier mit falschen Argumenten an die Öffentlichkeit treten. Als in Tschernobyl das Unglück passiert ist, hat man in Deutschland mit Becquerelwerten ungefähr so wie mit Todesstrahlen gehandelt. Ich glaube, daß hier viel Stimmungsmache ist. Die Kernkraft in der Bundesrepublik hat uns, jetzt seit über 30 Jahren betrieben, eine Menge guter Dinge beschert. Unsere Umwelt wäre um ein erhebliches Maß stärker verschmutzt, wären die Kernkraftwerke nicht da. Ich selber wohne in der unmittelbaren Nähe eines Kernkraftwerkes und ich fühle mich dabei in keiner Weise unwohl. Im Gegenteil, ich weiß, daß der Verstrahlungswert um Neckarwestheim herum erheblich geringer ist als im Schwarzwald oder Murrhardterwald. Und das hat nichts mit der Windrichtung zu tun, sondern es ist schlicht und einfach so, daß Strahlenbereiche seit Bestehen der Erde existieren, mit kosmischer Strahlung, atmosphärischer Strahlung, mit Erdstrahlung. Jeder, der sich mit Physik etwas beschäftigt hat, weiß das. Der Mensch hat ein Organ, das seit jeher Strahlung verarbeitet. Wir sind also vom Tier zum Menschen in der Evolutionsphase geworden unter diesen ganzen Belastungen, zu vielen Zeiten wohl unter wesentlich höheren Belastungen, und sie sind daher für uns kein Kriterium für die Gesundheit. Schwankungen von ein paar Prozent, gegebenenfalls auch ein paar hundert Prozent, halte ich nicht für erheblich gesundheitsschädlich.

Deswegen halte ich das für ein politisches Theater. Bestimmte politische Gruppen machen, um ihre Position zu stärken, falsche Vorgaben, geben diese weiter an die Bevölkerung und betreiben Panik. Ich meine aber, daß man mit der Angst der Bevölkerung keine Scherze treiben sollte. Wir bekommen durch diese Angstmacherei langsam aber sicher ein neurotisches Volk zusammen wie die Amerikaner. Diese Amerikaner werden europaweit als Neurotiker eingeschätzt, wo jeder zweite seinen eigenen Psychiater braucht. Und wir sind auf dem Weg dorthin. Vor lauter Überinformation durch Schlagworte, durch falsch vorgegebene Panikschlagworte, wird hier ein Zauber veranstaltet, der die Menschen in der Psyche außerordentlich schädigt und sie nicht durchhaltefähig macht. Ich glaube, daß wir die Probleme der Erde durchaus bewältigen können, wenn wir das sachlich-konstruktiv angehen. Exzesse müssen halt auf allen Ebenen unterbunden werden. Ich bin, grad als CDU-Mann, einer konsequenten Richtung der Mitte zugeneigt und nicht einer exzessiven der rechten oder linken Seite.

Mein Beruf hat mich im Grunde genommen die erste Ehe gekostet. Meine Frau hat die Auffassung vertreten, ich sei nie da. Ich war auch nie da. Selbst wenn ich mal da war, dann war ich geistig nicht da. War geistig immer unterwegs. Irgendwelche Probleme haben mich immer beschäftigt und die Zeit, die ich zu Hause war, war äußerst kurz. Daran ist

letztendlich meine erste Ehe gescheitert. Vor nicht allzu-
langer Zeit. Meine zweite Frau sieht die Probleme völlig
anders. Sie arbeitet selbst bei der Polizei, kennt die Probleme in diesem Beruf, kennt die speziellen persönlichen
Probleme, die durch meinen Aktivitätsrahmen entstehen,
denn ich hab einen etwas anderen, größeren Aktivitätsrahmen als die Durchschnittsbeamten, Durchschnittskollegen.
Und deswegen gibts da keine Schwierigkeiten. Ich helf
meiner Frau selbstverständlich im Haushalt, nicht nach
strengen Regeln, sondern jeder hilft jedem nach bester
Partnerschaft.

Was die gesellschaftliche Entwicklung anbetrifft, macht
mir am meisten der Egoismus Sorge, die noch nicht vollzo-
gene Wende im ethisch-moralischen Bereich, die Ellbogen-
gesellschaft, die auf Kosten anderer ihre Vorteile ausnützt.
Einen Betrug beim Finanzamt betrachtet die Mehrzahl als
Sport; kleine Unterschlagungen, den öffentlichen Dienst
als Selbstbedienungsladen anzuschauen, das wird heute
von vielen als normal betrachtet. Es wird immer verglichen
mit anderen und damit wird die Hemmschwelle niedergere-
det. Was ich auch als negativen Aspekt unserer Zeit
ansehe, ist, den Jugendlichen, der bei einer Straftat
erwischt wird, zu kriminalisieren. Der kommt dann minde-
stens vors Jugendgericht oder vors Jugendamt. Es werden
Fakten und Akten geschaffen, der Junge ist schon mal
kriminalisiert. Als ich in meiner Jugend Streiche verübt
hab, da hat mich der Wachtmeister an den Ohren genommen und mich zu meinem Vater gebracht und der hat mir
den Hintern versohlt. Ich habe die Grenze sofort aufge-
zeigt bekommen. Das ist sehr viel wirksamer, als sechs
Monate später verurteilt zu werden, und es ist dann ein für
allemal erledigt. Ich hatte keine schwarzen Flecken an der
Weste und ich bin kein Problemkind der Gesellschaft
geworden, sondern ich hab eine positive Einstellung zu

dem Menschen bekommen, der mich auf eine väterliche Weise an den Ohren genommen hat.

Für die weitere Entwicklung unserer Gesellschaft sehe ich außer der Bandenkriminalität – deren Ausmaße wir noch nicht absehen können – noch das Problem der überzogenen Reaktionen im Umweltschutz. Wenn bei uns ein bißchen verstrahltes Milchpulver in Waggons geladen wird, dann blockiert man die Züge und schafft dadurch ein Problem, das nicht mehr aus der Welt zu schaffen ist. Ich stelle immer wieder fest, daß Giftmüllfässer einfach in den Wald hineingeworfen werden und so eine Art Kleinentsorgung erfolgt. Und viele der Waldschäden führ ich im Prinzip darauf zurück und nicht nur auf falsche Forstwirtschaft. Wenn ich so den Schwarzwald betrachte, dann werde ich die Vermutung nicht ganz los, daß es nicht die Großindustrie ist – die in der Rheinebene ja gar nicht vorhanden ist, die man also herbeiredet –, sondern daß die Waldwege in diesen oberen Räumen dazu dienen, daß man – ohne die Gefahr, auf Menschen zu treffen – eben schnell seinen Giftmüll im Wald ablagert bzw. ausleert, ohne Faß, Adresse, Spuren zu hinterlassen. Ich hab, wie gesagt, schon mehrfach solche Stellen gesehen und ich vermute, daß dies im größeren Maße der Fall ist als man sich allgemein vorstellt. Wenn ich sehe, daß Greenpeace jedes Schiff in der Nordsee aufhält, verlagert man die Probleme automatisch an andere Orte, z. B. den Schwarzwald. Ich mein, dieser Proletarismus, der sich in Rumgeschreie, Demonstrationen, Plakataktionen, Phrasen und Schlagworten äußert, ist sehr gefährlich. Man sollte das viel sachlicher und gelassener angehen.

»Beruf und persönliche Meinung muß man eben trennen.«

Wolfgang Ederer, 30, ist verheiratet und hat ein Kind. Seit zwei Jahren arbeitet er bei der Kriminalpolizei Regensburg. In Wackersdorf war er in den letzten zwei Jahren bei fast jeder Demonstration dabei. Angefangen hat sein Polizeidienst aber eher langweilig.

Ich hab in der BePo(Bereitschaftspolizei)-Zeit keinen einzigen Einsatz gehabt. Einmal war bei Hanau eine Radfahrerdemo angekündigt. Gekommen sind ganze 15 Leut mit ihre Radln. Wir haben uns schon gewünscht, einmal einen richtigen Einsatz zu fahren, wo was los ist. Um endlich einmal Theorie *und* Praxis zu erleben. Also, ich hab eine langweilige BePo-Zeit gehabt. Heut ist es ja umgekehrt. Heut hast Du als Bereitschaftspolizist gleich wieder soviel brutale Einsätze, da hast es als junger Mensch schon schwer.

Die Uniform verändert einen im Großen und Ganzen nicht, der Beruf des Polizeibeamten schon eher. In vielen Lebenssituationen wird man von Leuten darauf angesprochen, daß »wir von der Polizei« auch im privaten Bereich etwas belehrend wirken. Ich hoffe persönlich von mir, daß ich mich nicht gravierend in diesem Sinn verändert hab. Es ist schon eine große Gefahr, seine Meinung ständig als die Richtige zu vertreten.

Ein Feindbild von der Polizei herrscht sicher nicht in der ganzen Gesellschaft vor. In Wackersdorf und im Umkreis von 20 Kilometern ist es sicher auf Grund der negativen Erfahrungen mit der Polizei ganz anders. Aber grundsätzlich wird man respektiert und geachtet. In Wackersdorf war ich fast bei jeder größeren angemeldeten Demonstration in den letzten zwei Jahren dabei. Einmal war ich privat dort, mit Frau und Tochter, nur um mir einmal ein Bild von einem anderen Blickwinkel aus zu machen. Ich war damals auch in vorderster Linie und stand daneben, wie sie mit Zwillen und Mollies angefangen haben, auf die Kollegen zu schmeißen. Das hat mich geschockt. Ich hab auch einen gefragt: »Spinnst du, warum schmeißt jetzt die Dinger?« Da ist dann so eine Bedrohung aufgekommen, vielleicht haben sie instinktiv gespürt, daß ich ein Polizist bin. Ich bin dann weitergegangen. Die hätt ich schon packen mögen. Aber es sind nicht alle Demonstranten Chaoten, wie es häufig in der Presse und im Fernsehen immer wieder dargestellt wird.

Ein eigenartiges Gefühl ist es schon, wenn man mit seinem Schild dasteht und einen halben Meter weiter, stehn die Demonstranten und schreien auf einen ein. Das ist schon eine angespannte Situation. Da schlägt das Herz schon. Ich bin doch einige Zeit dabei, wie muß es dann erst für 19jährige Bereitschaftspolizisten sein. In solchen Situationen muß man eben lernen, Beruf und persönliche Meinung zu trennen. Ich bin zum Beispiel gegen Wackersdorf, aber ich habe keine Probleme damit am Einsatzort. Wer das nicht lernt, wer z. B. freigestellt werden möchte, der hat seinen Beruf verfehlt.

Von den Politikern fühl ich mich teilweise schon verarscht. Auch deshalb, weil der Polizei bei Demonstrationen einfach der »Schwarze Peter« zugeschoben wird. Ein klares Wort von einem angesehenen Politiker würde oftmals viel bewirken. Aber aus Angst vor Stimmverlusten bei der nächsten Wahl kommt es nur zu fadenscheinigen Erklärungen. Auch im Fall Wackersdorf. Hier wird die Polizei hingestellt, als wäre sie Erfinder der WAA. Wir sind lediglich dazu aufgerufen, auch an solchen Orten für Recht und Ordnung zu sorgen. Daß aber auch von der Polizei manchmal gravierende Fehler, gerade bei Wackersdorf, gemacht worden sind, möcht ich nicht abstreiten.

Ein besonderes Erlebnis als Polizist? Bei einem Verkehrsunfall mit zwei Toten sind die Eltern der verunglückten Geschwister dazugekommen. Das war hart. Das ist mir unter die Haut gegangen. Ein anderes Mal hab ich während des Nachtdienstes einem Kraftfahrer den Führerschein abgenommen, weil er zuviel getrunken hatte. Ich hab den Fahrer dann um fünf Uhr in der Frühe nach Hause gebracht. Da ist dann die Frau dazugekommen, die Kinder, und alle haben geweint. Da hab ich mir schon gedacht: Leck mich am Arsch, das ist schon ein Scheiß, daß ich dem den Schein abnehmen muß, seine Laufbahn ist damit vielleicht kaputt. Ich war schon im Recht, aber die Situation war grausam.

»Ein normales Familienleben war nicht drin«

Karl-Heinz B., 26, arbeitet auf einem Revier in Wiesbaden.

Das erste Jahr war hart für mich. Ich mußte viel lernen und das ist mir zu der Zeit schwer gefallen. Ich hatte damals im privaten Bereich große Probleme, denn 1979, als ich gerade 16 war, ist mein Vater gestorben. Ich glaube, in einer andern Ausbildung wäre es vielleicht leichter gewesen, darüber hinwegzukommen, weil da die erzieherische Betreuung besser ist. Ich hatte das Gefühl, ich werde mit meinen Problemen allein gelassen. Ich hatte deshalb auch im zweiten Jahr der Ausbildung schlechte Noten und es bestand die Gefahr, daß ich von der Polizei gefeuert werde. Ich hab dann den Sprung noch geschafft und mich mehr aufs Lernen konzentrieren können. So hat es geklappt, ich hab mit »Gut« abgeschlossen, was auch notwendig war, um später mal die höhere Laufbahn einschlagen zu können.

Nach der Ausbildung bin ich zur Bereitschaftspolizei in die Mudra-Kaserne nach Mainz-Castell gekommen. Dort ist man von der Klassengemeinschaft entfremdet worden, das soll wohl eine Art Ausbildung zu mehr Selbständigkeit sein. Alles lief anonym ab, auch der Dienst selbst war ziemlich eintönig. Wir leisteten immer nur Wach- und Bereitschaftsdienste. Das, was man in der Schule gelernt hatte, war auf keinen Fall anzuwenden. Immer mehr Einsätze an der Startbahn West mußte ich mitmachen, ein normales Familienleben war nicht mehr drin, auch für Freunde hatte ich keine Zeit mehr. Zweieinhalb Jahre habe ich dort mein Dasein gefristet und wollte schon fast aufhören und das Abitur nachmachen. Dann bin ich an diese Dienststelle nach Wiesbaden gekommen und es gefällt mir sehr gut hier. Wir sind ungefähr gleich alt und haben die gleichen Interessen. Es ist auch nicht mehr so anonym wie in der Bepo-Zeit.

Ich werde hier mit sämtlichen Problemen der Bevölkerung konfrontiert und ich lerne, mich damit auseinanderzusetzen. Durch die Arbeit habe ich auch eigene Probleme entdeckt, die mir vorher nicht so bewußt waren. Man kann sich von vielen Dingen ein Bild machen, von denen Otto Normalverbraucher nichts mitkriegt. Das führt zu einer Erweiterung des Horizonts, aber auch zu einer gewissen Abhärtung, die sich teilweise auch in den privaten Bereich überträgt. Durch die ständige Konfrontation mit Verbrechen, Unfällen etc. bewegen einen bestimmte Dinge nicht mehr so, wie es vielleicht sein sollte. Wenn z. B. der Opa stirbt, so wird dies als normal hingenommen, weil das im Beruf etwas ganz Alltägliches ist.

Meine dienstlichen Demonstrationen kann ich nicht mehr zählen. Sehr bewegend war für mich, wie es losging an der Startbahn West mit den Großdemonstrationen und wie sich die zwei Fronten gegenüberstanden. Aber auch, wie teilweise neue zwischenmenschliche Beziehungen entstanden sind. Ich habe auch erlebt, wie es richtig rundgegangen ist. Menschen haben blindlings darauf losgeprügelt. Ich konnte mir vorher nicht vorstellen, daß es bei einer Demo mit so vielen Leuten zu einer Schlägerei kommen kann.

Persönlich habe ich versucht, mich aus dem Konflikt rauszuhalten, sonst hätte ich alles wohl nicht so gut bewältigen können. Dazu war ein gewisser Prozeß der Verdrängung notwendig. Von daher wollte ich mir auch kein bestimmtes Meinungsbild machen. Über drei Jahre wurde ich bei Auseinandersetzungen an der Startbahn eingesetzt. Wenn ich mich da geweigert hätte, nicht mitgefahren wäre, hätte ich gleich kündigen können. Man muß eben im Dienst emotionelle Gründe zurückschieben; das ist bei jeglichem Handeln im Dienst so.

Privat, das war etwas anderes. Ich hab bei Demonstrationen zur Ausbildungspolitik, wegen der Lehrmittelfreiheit, bei Schweigemärschen und Schuldemonstrationen teilgenommen. Als bei uns in der Nähe für ein Freizeitzentrum ein Waldgebiet gerodet werden sollte, haben wir Flugblätter verteilt.

Als an der Startbahn West die zwei Kollegen erschossen wurden, war ich zufällig gerade im Dienst. Uns hat die Nachricht gegen 23 Uhr erreicht, das war wohl unmittelbar nach den Schüssen. Da ist bei uns ein unheimlicher Apparat angelaufen, das hat die persönliche Betroffenheit zunächst mal zurückgedrängt. Ich bin dann zur Einsatzzentrale, wo es heiß herging. Wir hatten bis zum Morgen viele Festnahmen, und alle wurden erkennungsdienstlich behandelt. Das war ein unheimlicher Streß. Morgens um acht Uhr bin ich nach Hause gekommen, hatte gut vierzehn Stunden Dienst hinter mir. Ich hab mit meiner Frau über die Vorfälle gesprochen und wir haben zusammen geheult. Dann ist meine Mutter dazugekommen und wir haben zu dritt geheult. Es war eine tiefe Betroffenheit da bei mir.

Ob wir für Fehler der Politiker verheizt werden? Polizisten haben immer wieder für Fehler der Politiker geradezustehen. Aber die Polizei hat die Funktion, jemand zu schützen und zu verteidigen, der unwillkürlich Fehler gemacht hat, auch Politiker. Ich kann mir gar nicht vorstellen, daß Politiker eine Entscheidung treffen mit der Gewißheit, daß diese falsch ist. Ich möchte den Politikern natürlich nicht blindes Vertrauen entgegenbringen; es gibt auch Projekte, die kaum zu verwirklichen sind, z. B. weitere Aufrüstung und neue Kernkraftwerke. Ich persönlich bin gegen Kernkraft, aber ich muß sagen, in der Zeit, wo die Atomkraftwerke aufgekommen sind, war ich noch nicht dagegen.

»Kaum jemand hat wirklich eine Ahnung, wie wir arbeiten«

Gerhard Peinz, 52, ist Kriminalhauptkommissar in Diepholz.

Ich mache das Interview an sich sehr gerne, weil ich auch hier die Gelegenheit habe, ein bestimmtes Vorurteil, bzw. Klischee in der Bevölkerung über die Person und die Arbeit eines Kriminalbeamten abzubauen. Allerdings ist das natürlich sehr schwer. Ich erlebe es immer wieder, daß in der Bevölkerung ein Bild besteht, das geprägt ist von schlechten Kriminalromanen, noch schlechteren Fernsehkrimis und diesen aufreißerischen Berichten in der Presse über unsere Arbeit. Kaum jemand hat wirklich eine Ahnung davon, wie wir arbeiten und was wir machen.

Seit 34 Jahren bin ich bei der Polizei. Direkt nach der Schulzeit bin ich dorthin gegangen. Ich hatte im Grunde keine Ahnung, was mich dort erwartete. Also, ich kann das heute sehr schlecht beschreiben, warum ich zur Polizei ging. Ich weiß es nicht mehr genau. Während der dreijährigen Ausbildung sind wir eindeutig paramilitärisch gedrillt worden. Man muß bedenken, daß es damals noch keine Bundeswehr gab und wir immerhin an dem Maschinengewehr aus dem letzten Weltkrieg, an Granatwerfern u. a. ausgebildet wurden, und auch Handgranatenwerfen üben mußten. Damals war ich total unpolitisch und habe mir darüber wie viele andere auch überhaupt keine Gedanken gemacht. Es wurde immer von irgendwelchen Aufständen geredet, die uns erwarteten, und von Störern, und wir haben das so über uns ergehen lassen. Wir wurden damals zu Paraden und Staatsbesuchen herangezogen und mußten dort mit der Hundertschaft paradieren; also, es war schon ziemlich schlimm. Hinzu kommt, daß teilweise die Ausbilder oder auch die Hundertschaftführer ehemalige Mitglieder der Wehrmacht waren und diesen typischen Kommißton noch mit in die Polizeischule gebracht hatten. Und dementsprechend sind wir dort ausgebildet worden.

Nach einigen Jahren Dienst bei der Schutzpolizei in Osnabrück und Diepholz war ich mir sicher, daß ich diesen Beruf nicht mehr weiter ausüben würde. Mir mißfiel an diesem Beruf die total hierarchische Struktur, die dem einzelnen Schutzpolizisten kaum einen Freiraum mit wirklicher Eigenverantwortung läßt. Alles ist auf Befehl und Gehorsam ausgerichtet. Inzwischen weiß ich von einigen Kollegen der Schutzpolizei, daß sich das überhaupt nicht gebessert, sondern im Gegenteil noch verschärft hat. Heute gibt es mehr Führungskräfte bei der Schutzpolizei als früher, die ihre »Dienstaufsicht ausüben« und dem einzelnen Beamten noch weniger Freiraum lassen. Viele stöhnen unter diesem Druck, sind unzufrieden und frustriert.

Ich habe jetzt einen eigenen Arbeitsbereich, in dem ich Todesermittlungssachen, Sexualdelikte, Vermißtenanzeigen und hin und wieder auch Branddelikte bearbeite. Hier kann ich total selbständig arbeiten und fühle mich auch wohl. Einmal kann mir niemand mehr hereinreden, weil auch meine Vorgesetzten sich auf die sogenannte Dienstaufsicht beschränken müssen und von unsrer eigentlichen kriminalistischen Arbeit entfernt haben. Das ist im Grunde genommen unsere Chance. Hinzu kommt, daß ich speziell in diesem Arbeitsbereich eine Menge im sozialen Bereich tun kann, z. B. bei Sexualdelikten oder Vermißtensachen. Ich kann längere Gespräche führen, man kann mich auch privat anrufen, und es wird davon Gebrauch gemacht. Ich habe also das Gefühl, etwas für Menschen tun zu können, und das gibt mir wirklich eine Menge. Es geht mir also nicht nur darum, Täter zu ermitteln und die zu möglichst hohen Strafen verknacken zu lassen.

Meine Karriere ist vor fünf Jahren abrupt unterbrochen worden, und zwar von dem Moment an, wo ich mich zur Friedensbewegung bekannt habe. Ich arbeite hier in Diepholz aktiv in der Friedensbewegung mit und damit war das Thema Karriere erledigt. Andererseits hatte ich auch zum damaligen Zeitpunkt schon keinen großen Ehrgeiz mehr entwickelt. Denn wenn ich Karriere machen wollte, dann würde das bedeuten, daß ich irgendwo Dienststellenleiter würde und Führungsaufgaben wahrzunehmen hätte. Ich würde mich von unsrer ureignen Arbeit entfernen – und dann wäre ich unglücklich. Also ist dies für mich überhaupt kein Thema mehr.

Für einen Großteil der Bevölkerung stellt die Polizei kein Feindbild dar. Ich sehe das und bin immer wieder erstaunt, wenn hier die Schutzpolizei in unserem Gebäude einen Tag der offenen Tür veranstaltet; dann strömen die guten Bürger – überwiegend CDU-Wähler – nur so herein. Und an ihrem Verhalten ist deutlich zu merken, daß sie eine wirklich gute Beziehung zur Polizei haben und diese auch pflegen wollen. Es ist derselbe Personenkreis, der auch beim Tag der offenen Tür zur Bundeswehr geht.

Ganz anders ist es natürlich im linken Spektrum, in dem ich mich zuhause fühle. Hier ist es schon viel eher so, daß die Polizei eine Art Feindbild ist. Hier sehe ich wiederum meine Aufgabe, zwischen diesen Fronten, wenn sie schon bestehen, zu vermitteln. Ich habe das von Anfang an in der Friedensbewegung gemacht und auch hier bei der Polizei. Ich hab mich dabei wirklich zwischen zwei Fronten bewegt, und inzwischen denke ich, daß ich da auch einiges erreicht habe. Ich habe beiden Teilen klar gemacht, daß beide Angst voreinander haben. Ich habe auch versucht, die Gründe aufzuzeigen, und ich habe bei der Polizei – jedenfalls hier in meinem lokalen Bereich – erreicht, daß viele die Demonstranten nicht mehr als Feind sehen. Auch in der Friedensbewegung und bei vielen Linken habe ich erreicht, daß sie inzwischen versuchen, die Polizei mit anderen Augen zu sehen. Zu erklären wie es dazu gekommen ist, ist relativ leicht. Es sind einfach die Feindbilder, die aufgebaut wurden, die Polizei redet von Chaoten und die Linken von Bullen. Niemand kennt den anderen, es ist so ein Feindbild, daß nur entstehen kann, wenn man die Masse sieht und den Einzelnen nicht kennt.

Wie ich Demos erlebt habe? Ich bin privat und dienstlich bei Demonstrationen gewesen, und zwar bei verschiedenen Anlässen. Privat bei Ostermärschen, gegen Aufrüstung, gegen AKWs. Dienstlich auch bei diesen Anlässen, außerdem, wenn die Punks in Hannover demonstrierten oder wenn Veranstaltungen in Loccum waren und eine übernervöse Polizeiführung Ausschreitungen befürchtete. Und und und...

Wenn ich mit meinen Freunden demonstriert habe, habe ich es so erlebt, daß ich genauso wie sie eine unterschwellige Angst vor der Polizei hatte. Vor allen Dingen, wenn ich sah, daß die Polizei übermächtig auftrat oder mit Helmen, Schildern und Schlagstöcken aufmarschierte. Dann habe ich diese Angst der Demonstranten einmal kennengelernt, auch die vor Tränengas, vor Kontrollen und die Angst davor, kriminalisiert zu werden. Und auch die Angst davor, einfach erfaßt zu werden – das Gefühl, als sei eine legale Demonstration, also ein Grundrecht, etwas Verbotenes oder Konspiratives.

Bei der Polizei habe ich erlebt, daß in sogenannten »Lagen«, also Lagebeurteilungen vor einer Demonstration, unheimlich übertrieben wurde von den Staatsschutzbeamten bzw. von der Polizeiführung, so daß man innerlich schon auf Konfrontation eingestellt war. Mal wurde die Anzahl der Demonstranten, die kommen sollten, übertrieben, mal auch deren Ziele, vor allem dann, wenn vorher schon Gewalt angekündigt war. Aber auch dieses Verhalten ist zu erklären. Denn seit den Jahren der Rote-Armee-Fraktion ist der Staatsschutz sehr stark erweitert und bisher nicht wieder abgebaut worden, obgleich ja jetzt im Staatsschutz im Grunde viel weniger zu tun ist und die Beamten in den Landkreisen kaum Arbeit haben. Diese Beamten wollen nun natürlich auch weiterhin – wie es ja nun mal bei Beamten so ist – die Wichtigkeit und Notwendigkeit ihrer Arbeit beweisen. Und dadurch kommt es häufig zu Fehleinschätzungen der Lage und insbesondere auch der Ziele der Demonstranten. Das wirkt sich negativ auf die eingesetzten Polizeikräfte aus, besonders bei den Besprechungen vor den Demonstrationen. Diese haben nur das polizeiliche Ziel zum Inhalt; ich hab es selten erlebt, daß ein Einsatzführer auch auf politische Ziele der Demonstranten eingegangen ist oder versucht hat, ein wenig zu differenzieren. Es wurde also fast ausschließlich von den polizeilichen Zielen geredet, so daß man uninformiert war und das Warten auf angeblich gewaltsame Auseinandersetzungen schon eine ganz eigenartige Stimmung hervorrief. Hinzu kommt dieses merkwürdige Gruppenerlebnis, der Korpsgeist, dem man sich wirklich schwer entziehen kann. Das kann eigentlich nur jemand beurteilen, der das schon mal mitgemacht hat.

Zum Glück habe ich nie erlebt, daß Übergriffe wirklich körperlicher Art waren. Ich habe nur einmal beobachtet, wie ein Kollege mitten in der Innenstadt von Hannover bei einer Punk-Demonstration aus seiner Hundertschaft heraus zu einem Fotografen stürzte, ihm den Fotoapparat entriß, den Film herausnahm und diesen behielt. Ich bin davon ausgegangen – denn das war ja eine strafprozessuale Handlung, die der Kollege vollzogen hat –, daß er dann auch die entsprechenden Maßnahmen treffen würde: Also

Berichte schreiben, Sicherstellungs- und Beschlag-
nahmeprotokolle, und was alles dazu gehört. Erst viel
später habe ich erfahren, daß der gar nichts gemacht hat.

Einen anderen Fall habe ich bei Demonstrationen der
Friedensbewegung im Raum Hildesheim erlebt. Die Friedensbewegung versuchte, bei einem Manöver die Truppen-
bewegungen in diesem Raum zu verzögern. Ich gehörte
damals zu einer Einsatzgruppe von vier oder fünf Kriminalbeamten, die Straftaten, die in diesem Zusammenhang
begangen würden, verfolgen sollten. Und da geschah etwas
Eigenartiges. Da rollte auf einer großen Bundesstraße ein
Panzertransport entlang. Vor diesem Panzertransport fuhr
eine Ente, ganz langsam, und zwar fast in der Straßenmitte, so daß die Panzer nicht überholen konnten. Es war
eine groteske Situation. Die ganze Kriegsmaschinerie von
vielleicht 30 oder 35 Panzern wurde von dieser kleinen
Ente aufgehalten. Der Fahrer machte das ganz bewußt,
daß er so langsam in der Straßenmitte fuhr. Daraufhin
wurden meine Kollegen unheimlich aggressiv und schafften
es schließlich diese Ente anzuhalten und nach rechts an den
Straßenrand zu beordnen. Jetzt wurden die Personalien der
Insassen festgestellt und es sollte eine Anzeige geschrieben
werden wegen – ja, was weiß ich, wegen Behinderung des
Straßenverkehrs oder so, es gibt da irgendwelche Paragraphen. Nun gut, das war ja alles noch in Ordnung; aber dann
wurde von der Hundertschaftsleitung angeordnet, daß wir,
um eine Wiederholung zu vermeiden, die Ventile aus dem
Reifen dieser Ente herausnehmen sollten. Das war meiner
Ansicht nach eine Sachbeschädigung, und ich habe auch
den Kollegen gegenüber entsprechende Einwendungen
gemacht, die aber natürlich fruchtlos blieben. Mir blieb in
dem Augenblick nichts anderes übrig, als die Sache mit
ihnen zu bearbeiten. Und leider ist es dann so gewesen,
daß diese Eingriffsmaßnahme später von einem Gericht in

Hildesheim bestätigt wurde. Ich habe zwar versucht, mit den Kollegen darüber zu reden, um ihnen klarzumachen, von wem da eigentlich Gewalt ausging. Aber sie waren nicht betroffen, auch nicht bei der Gerichtsverhandlung. Es genügte ihnen, daß sie nach den Buchstaben des Gesetzes richtig gehandelt hatten, und daß das Gericht dies bestätigt hatte. Damit war für sie der Fall erledigt.

Wenn ich so die verschiedenen politischen Richtungen innerhalb der Polizei sehe, dann repräsentiert sie im Grunde die Pluralität unserer Gesellschaft. Wobei ich natürlich gewisse Einschränkungen machen muß, denn sechs oder sieben Prozent Grüne werden wir natürlich innerhalb der Polizei – abgesehen von der Uniform – nicht finden.

Was die Entwicklung unserer Gesellschaft angeht, bin ich pessimistisch. Ich glaube nicht, daß sich an den jetzigen Machtverhältnissen grundlegend etwas verändern wird. Die Politiker werden weiterhin von Legislaturperiode zu Legislaturperiode denken und entscheiden, werden sich weiterhin auf Sachzwänge berufen; Abhängigkeiten werden bleiben: von Wirtschaft und Finanzen, von Multi-Konzernen. Auch innerhalb der Bevölkerung wird sich nichts grundlegend verändern. Die Probleme sind zwar bekannt und es gibt auch ein Problembewußtsein in der Bevölkerung in Bezug auf Umweltschutz, militärische Rüstung, Gentechnologie usw. – ich merke das immer wieder in Einzelgesprächen –, aber wenn es an die Wahlurnen geht, dann werden wieder die alten Parteien gewählt und die alten Machtverhältnisse werden wieder hergestellt. Andererseits beobachte ich auch, daß viele Menschen sich zurückziehen, tatsächlich in die innere Emigration gehen und sich um nichts mehr kümmern. Trotzdem bin ich der Meinung, daß wir die Verpflichtung haben, etwas dagegen zu tun und für Veränderungen zu kämpfen.

»Es gibt Situationen, da schäme ich mich, Polizist zu sein«

Hermann Weiß, 43, ist Mitglied der Bundesarbeitsgemeinschaft kritischer Polizisten und Polizistinnen. Seit Mitte 1987 als er einen kritischen Leserbrief in den *Nürnberger Nachrichten* veröffentlichte, ist gegen ihn ein dienstliches »Mißbilligungsverfahren« anhängig. Begründung: Er habe seinen Namen und Dienstgrad dazu mißbraucht, zu rechtswidrigen Aktionen aufzurufen. Weiß hatte nach der Blockade des Pershing-Depots in Mutlangen durch Richter und Staatsanwälte diese Aktion als beispielhaft gelobt. In einem weiteren Leserbrief hatte er nach einem brutalen Polizei-Einsatz gegen Asylbewerber darauf hingewiesen, daß auch Minderheiten einen Anspruch auf Schutz durch die Polizei haben. Gegen die Vorwürfe seines Dienstherrn legte Hermann Weiß Beschwerde ein. Das bayerische Innenministerium verwarf jedoch diese Beschwerde, so daß er nun auf die gerichtliche Entscheidung des Verwaltungsgerichts Ansbach warten muß.

Ab sechzehn überlegt man sich ja, welchen Beruf man ergreifen will. Ich war damals in der Oberschule. Da sind Polizisten in den Unterricht gekommen und haben für ihren Dienst geworben. Ich dachte mir, Recht und Schutz der Bevölkerung zu vertreten, das sind gute Gründe, Polizist zu werden. Nach der Mittleren Reife, mit 18, bin ich deshalb zur Polizei. Jetzt bin ich seit 23 Jahren dabei. Zunächst 3 Jahre Bereitschaftspolizei, dann bei der Verkehrspolizei und seit 1971 bin ich bei der Kripo. Ich bin hier im Kommissariat 1 tätig und überwiegend als Brandermittler im Einsatz.

Ich bin gern Polizist und aus Überzeugung. Der Polizist,

die Polizei, sind notwendig in ihrer Funktion dem Bürger Schutz zu gewähren. So zwischen 25 und 30 hat bei mir das kritische Denken angefangen. Wenn man sich informiert, was um einen herum vorgeht, merkt man, daß nicht alles so ist, wie es sein sollte. Ich denke z. B. an den Umweltschutz oder soziale Spannungen. Das Miteinander in unserer Gesellschaft könnte besser sein; man könnte mit viel weniger Gewalt auskommen.

Seit 1983 bin ich in der Friedensbewegung aktiv, ich bin gegen die Nachrüstung eingetreten und war selbstverständlich auf Demonstrationen, aber immer absolut gewaltfrei. Von Gewalt distanziere ich mich. 1983 habe ich auch in der Menschenkette bei Stuttgart gestanden. Strauß hat ja damals auf dem Münchener Marienplatz gesagt: »Das sind die nützlichen Idioten von Moskau.« Also ich fühl mich absolut nicht als nützlicher Idiot. Nach seiner Moskau-Reise gab ja Strauß auch ganz andere Töne von sich.

Polizeidienst heute und damals ist ein großer Unterschied. Ich weiß gar nicht, ob ich heute noch jemand raten könnte, zur Polizei zu gehen. Die Jungen werden doch während ihrer Bereitschaftszeit verheizt. Wenn einer gegen die Wiederaufarbeitungsanlage oder gegen Kernenergie ist und dieses Projekt schützen soll, wie soll er damit fertig werden? Also ich möchte das nicht.

Damals, als ich anfing, hat es die ganze Problematik noch nicht gegeben: Aufrüstung, Umwelt, Atomkraftwerke, Atomabfall. Damals, in Fürth, das weiß ich noch, da war der Schutzmann wie ein guter Bekannter, der war bürgernah, anerkannt. Das ist heut alles vorbei.

Es gibt Situationen, da schäm ich mich, Polizist zu sein. Zum Beispiel: In Wackersdorf, am 10. Oktober 1987. Ich war nicht dort, ich hab's in der Zeitung gelesen, und wenn man den übereinstimmenden Zeugenaussagen glauben darf, war das eine schlimme Sache, wie die Berliner Einheit da gegen die Demonstranten vorgegangen ist. Oder nehmen Sie den »Hamburger Kessel« im August 1986. Der Kessel ist ja später vom Hamburger Landgericht als rechtswidrig eingestuft worden, d. h., es war ein staatliches Unrecht, das die Polizei dort begangen hat. Den Betroffenen wurde eine Entschädigung von 200 DM zugesprochen. Symbolisch. Wenn ich so etwas höre, schäme ich mich für die Polizei.

Schon vor diesen Vorfällen hab ich mich über Jahre hinweg mit meinem Ausbilder über diese Dinge unterhalten. Der war früher CSU-Mitglied, ist aber wegen einer bestimmten Sache ausgetreten. Anfangs waren unsere Positionen konträr. Heute hat er sich meiner Meinung angeschlossen, wir haben viele Gemeinsamkeiten.

Fast zeitgleich mit dem Hamburger Kessel gab es einen *Spiegel*-Artikel über »Kritische Polizisten« (Nr. 31/1986) mit sehr guten Gedankengängen. Dort erfuhr ich, daß es auch sensible Polizisten gibt, die gleich sehen, was Unrecht ist. Die Gedanken dieser Polizisten fand ich sehr gut und habe deshalb in der Folgezeit Kontakt mit ihnen aufgenommen.

Im Januar '87 fand in Bonn das erste bundesweite Treffen der Arbeitsgemeinschaft Kritischer Polizisten statt. Wir waren ungefähr 40 bis 50 Leute. Wir haben dort unsere Vorstellungen präsentiert, wie wir unseren Dienst als Polizisten sehen. Im März 87, wieder in Bonn, haben wir die Bundesarbeitsgemeinschaft Kritischer Polizisten und Polizistinnen offiziell gegründet. Bundesweit zählen wir zur Zeit ungefähr 150 Mitglieder. Im Norden ging alles ein bißchen schneller, aber man sagt ja, daß in Bayern die Uhren anders gehen.

Ich bin bekannt als atypischer Beamter. Direkte Schwierigkeiten habe ich noch nicht gehabt. Da ich nichts Verkehrtes mache, kann man mir auch nichts anhaben.

Meinen höchsten Dienstgrad habe ich allerdings wohl erreicht. Ich bin jedoch damit zufrieden, mir reicht mein Geld.

Ich find es schön, daß es Polizisten gibt, die nicht nur funktionieren, sondern auch selbständig denken und reagieren. Wir werben hauptsächlich mit Mundpropaganda. Wir tun ja nichts Schlechtes, im Gegenteil: ich glaube, uns ist mehr am demokratischen Denken gelegen, als vielen anderen Kollegen. Es gibt sicherlich mehr »kritische«, wir sind nicht so vermessen anzunehmen, wir seien die einzigen; aber die anderen scheuen davor zurück, was zu sagen. Dieses Denken ist weit verbreitet: nicht anecken, nicht auffallen. Eins ist auch klar: Wenn man sich die Laufbahn nicht verbauen will, dann hält man am besten das Maul.

Ein Beispiel für Obrigkeitsdenken hat der Herr Blessmann vom Bundesinnenministerium, der zuständige stellvertretende Inspekteur der Bereitschaftspolizei der Länder gegeben, als er zu seiner Haltung zur WAA gefragt wurde. Er sagte sinngemäß: »Ich kann keine politischen Aussagen machen, weil ich Polizeibeamter bin.« Das heißt, er hat keine eigene Meinung zu haben, sondern zu funktionieren. Das ist eine Haltung, die eines demokratisch denkenden Polizisten unwürdig ist. Dahinter stehen wir nicht. Allerdings, parteipolitische Betätigungen *im Dienst* sind verboten.

Ob es Konsequenzen hat, wenn ein Polizist sagt, er sei gegen die WAA? Eine heikle Frage. Stellen Sie die Frage anders: wenn er sagt, er sei für die WAA, dann hat er mit Sicherheit keine Schwierigkeiten.

Die gewalttätigen Ausschreitungen bei Demonstrationen kommen nicht von ungefähr: Hätten wir diese Projekte nicht, dann... Die Mehrheit der Bevölkerung ist doch gegen diese Bauvorhaben, sie will keine Atomenergie.

Weil es aber keinen Volksentscheid auf Bundesebene gibt, wird das Recht des Volkes eingeschränkt. Das Grundgesetz (Artikel 20) sollte verwirklicht werden, also auch ein Volksentscheid auf Bundesebene. Man braucht auch keine schärferen Gesetze. Sie sind der falsche Weg, von der Gewalt wegzukommen. Es geht darum, daß die Täter gefaßt werden.

Die Frankfurter Polizistenmorde haben mich tief betroffen, schockiert. Ich habe mich maßlos darüber geärgert, wie Politiker gleich am nächsten Tag versuchten, ihr politisches Süppchen zu kochen: Strafverschärfung wurde gefordert – als ob man lebenslänglich noch verschärfen könnte.

Ich stelle mir eine andere Einsatztaktik für Demonstrationen vor. Dabei ist der Polizist nicht Gegner, sondern Bürger, der mit dem Demonstranten geht. So wäre die Polizei in der Lage, bei eventuellen Straftaten die Täter festzunehmen, bzw. es käme gar nicht dazu. Wir müssen das bisherige Frontendenken aufgeben: Da stehen die Demonstranten mit ihren Zwillen, da die Polizisten mit den Wasserwerfern; so entsteht natürlich Gewalt. Also, wie gesagt, die Polizisten sollten mit den Demonstranten mitgehen. Wenn der Bürger und der Polizist nebeneinanderherlaufen und miteinander reden, dann kann ich mir nicht vorstellen, daß sie sich hinterher gegenseitig die Köpfe einschlagen. Das wäre einen Versuch wert.

Wenn immer betont wird, durch die Vermummung sinke die psychologische Hemmschwelle zum Zuschlagen, dann muß man bedenken, daß nicht nur Demonstranten vermummt sind, sondern auch die Polizisten mit ihren Helmen, d. h., auch dort sinkt die Hemmschwelle zur Gewaltanwendung. Ich erinnere nur an das Vorgehen der Berliner Einheiten im Oktober '87 in Wackersdorf; das sind klare Rechtsbrüche, wenn sie auf Leute einschlagen, die am Boden liegen. Wir machen keinen Unterscheid, ob ein Rechtsbruch da oder dort begangen wird. Ein Rechtsbruch ist und bleibt eine Straftat.

Ich interessiere mich sehr für die Belange des Umweltschutzes. In der Dienststelle bin ich verschrien als der »grüne Hermann«, ich habe einige Lehrgänge zum Umweltstrafrecht mitgemacht. Ich weiß sehr wohl, daß die Polizei da ziemlich hilflos ist. Wir sind gegen Großverschmutzer völlig machtlos. Auf tausend Fälle kommen durchschnittlich nur sechs Bestrafungen.

Wenn alles so weiter geht, dann sehe ich mit Skepsis in die Zukunft. Dann nähern wir uns tatsächlich dem »Atomstaat«, in dem die Polizei immer mehr Bürger überwachen muß. Ein Umdenken der Politiker ist dringend nötig. Ich finde es erschreckend, wie einige führende Politiker Unrecht begehen, selbst straffällig werden. Politiker, die eigentlich Vorbildfunktionen haben sollen, die auch einen Amtseid abgelegt haben, zum Wohle des Volkes. Die Staatsverdrossenheit beruht auch auf solchen Vorgängen, z. B. wenn Skandale nicht aufgedeckt, sondern vertuscht werden. Und dies ist eine Gefahr für die Demokratie.

Für schriftliche oder telefonische Anfragen, die Arbeitsgemeinschaft kritischer Polizisten und Polizistinnen betreffend, steht Hermann Weiß gerne zur Verfügung:

Hermann Weiß, Wacholderweg 7, 8501 Puschendorf bei Fürth, Tel. 0 91 01/83 43

»Mir gefällt der Kontakt mit den Menschen«

Joachim Hoffmeister, 31, arbeitet als Polizei-Obermeister in Wiesbaden.

Nach der Schule, mit 19, bin ich zur Polizei gegangen. Mein Bruder war bei der Polizei, von daher. Der Polizeiberuf hat mir wirklich gleich Spaß gemacht. Zur Zeit leiste ich Schichtdienst, aber ich bin glücklich dabei. Durch den 12-Stunden-Dienst habe ich mehr Freizeit und mehr Zeit für die Familie. Auch wegen des langen Anfahrtsweges – ich fahre 70 Kilometer nach Hause – ist es besser; außerdem fährt man nicht zu den Hauptverkehrszeiten. Nicht so gut ist natürlich, daß ich zu den Zeiten Dienst tun muß, in denen in den Firmen nicht gearbeitet wird.

Am Polizeiberuf gefällt mir der Kontakt mit den Menschen. Man kommt mit allen Schichten in Berührung. Daß wir Polizisten dabei oft in einem etwas schlechteren Licht stehen, hängt damit zusammen, daß wir meist gegen Leute einschreiten müssen und daß wir insofern nicht so gern gesehen werden. Die Polizei kann heute fast nur reagieren – wegen des Personalmangels. Wir können kaum noch den Kontakt zu Leuten pflegen. Wir in unserer Dienststelle gehen ab und zu selbst zu Kindergärten oder laden die Kinder zu uns ein und versuchen so das Image der Polizei zu verbessern.

Ich war bei Demonstrationen in Frankfurt und Hanau dabei. Das ist schon beeindruckend, wenn eine große Menschenmenge demonstriert. Einmal, in Hanau, habe ich Gewalttätigkeiten erlebt, wo von Seiten der Polizei meines Erachtens zu wenig eingeschritten wurde. Wenn Demonstranten mit Steinen werfen oder mit Leuchtraketen in Tankstellen schießen, dann müßte man wirklich eingreifen. Man kommt sich da als einzelner Polizist machtlos vor, weil von oben kein Alarm kommt. Dann sagen selbst die

Anwohner: »Warum tut ihr nichts?« Und wir können nur erwidern: »Wir dürfen ja nicht.«

Meist sind es Gewalttätigkeiten von Vermummten; der Großteil aller Demonstrationen läuft friedlich ab; in den Medien werden aber fast nur die Demonstrationen mit Gewalttätigkeiten erwähnt.

Ob es Fehler der Politiker sind, für die wir verheizt werden? Wir wissen ja gar nicht, ob es ein Fehler ist, zum gegenwärtigen Zeitpunkt. Im Nachhinein fragt man sich natürlich, warum das nicht gemacht wurde, wo man vorher den Kopf hingehalten hat. Ich muß jedoch sagen: sobald Steine geworfen werden, find ich es grundsätzlich angebracht, daß die Polizei da ist, weil es dann ja keine friedliche Demonstration mehr ist. Wir wollen ja die Demonstration nicht verhindern, sondern wir wollen verhindern, daß sie unfriedlich verläuft.

Ich bin der Überzeugung, daß die Kluft immer größer wird, zwischen denen, die sozial unten stehen, gegenüber denen, die sich in gesicherten Positionen befinden. Und es kann sein, daß irgendwann die Leute, denen es schlechter geht – und die nicht wissen warum –, daß die sich das Zeug auf anderem Wege holen wollen; und daß die Polizei dann mit Sicherheit mehr Arbeit bekommt.

Ein besonderes Erlebnis als Polizist? Ich erinnere mich noch sehr gut daran, wie der amerikanische Soldat Pimental hier in Wiesbaden von den RAF-Leuten erschossen wurde. Der ist hier oben im Wald aufgefunden worden. Das war das erste Mordopfer, das ich gesehen habe, da wir hier selten mit Mordopfern zu tun haben. So etwas, daß jemand einen anderen bewußt umbringt, das ist für mich schockierend.

»Ich habe an sich nur gute Erfahrungen
gemacht mit der Polizei. Es waren aber
nur Streifenpolizisten, also Schutzpolizisten,

mit denen ich zu tun hatte, und fast alle waren noch jung. Die Polizisten haben immer versucht, das Beste für mich herauszuholen, etwa bei einem Unfall. Ich habe festgestellt, wenn Du freundlich auf Polizisten zugehst, sind sie auch freundlich zu dir.«

Horst Westerholt, 28, Maschinenbauingenieur, Bremen

»Ja, ich mein, daß die Polizei manchmal zu schnell handelt oder sich zu schnell ein Urteil bildet. Die Polizisten glauben immer, daß sie im Recht sind, und die anderen im Unrecht. Viele sagen: ›Was ich sag, daß ist richtig.‹ Auch privat. Da sind schon viele solche Typen dabei. Die sind es gewohnt, daß sie anschaffen können und über andere Macht haben. Es sind nicht alle so, aber, wie gesagt, schon viele. Es kann sein, daß sie so trainiert werden, ich weiß nicht.«

Agnes Weber, 61, Witwe, Nordbayern

»Was willst du? Polizei, Bullen? – Ich kann dir sagen, was ich von denen halt: Scheiß Bullenärsche sind das! Ja, scheiß Bullenärsche! Haben mir letzten Monat einfach den Schein abgenommen. Die haben mich angehalten, nachts einfach angehalten, und wollten die Papiere sehen. Ohne Grund. Haben mich blasen lassen und futsch war das Ding. Ich kann dir sagen, wenn ich einen von denen zwischen die Finger kriegen würde.

He, was willst du eigentlich über die Bullen schreiben? Da gibts doch nichts weiter zu sagen, is doch eh klar, daß das Ärsche sind.«

Mike, »Punk«, Nürnberg

»Wie ich über die Polizei denke, fragen Sie mich. Eigentlich, wenn ich ehrlich bin, denke ich doch kaum über sie nach, da ich an ihre Anwesenheit gewöhnt bin. Es ist so, wie Wasser und Luft ständig um uns herum sind, ohne daß wir für diese ständige Verfügbarkeit dankbar sind.

Die Anwesenheit der Polizei bedeutet Ordnung. Denn wer sonst entwirrt das Verkehrschaos in den verstopften Innenstädten und wer sonst ist zur Stelle bei der gefährlichen Jagd nach Bankräubern und Terroristen, wobei der Polizei noch die Rolle des Sündenbocks zugeschoben wird, wenn frivole Reporter die Polizei von den Gangstern abdrängen und ein Eingreifen blockieren.

Wird von der Polizei nicht oft Menschenunmögliches verlangt? Sie soll forsch und erfolgreich sein, aber dabei Samthandschuhe tragen, auch wenn es gegen die Rowdies in den Fußballarenen geht.

Ich respektiere wie die Polizei mit einer ausgeklügelten Technik die Schliche der Unterwelt unterwandern muß, wie kleinste Mosaiksteinchen zusammengesetzt werden, um auf die Spuren getarnter Verbrechersyndikate zu kommen, wobei diese der Polizei manchmal technisch noch voraus sind. Der Mut ist zu bestaunen, mit dem sich die Polizei notgedrungen in finstere Quartiere hineinbegibt, sich mit Ganoven anbiedern muß, um ihnen ihre Tricks zu entlocken. Mit wohltuendem Gruseln liest der Bürger von den Skandalen des Mädchenhandels oder der Vendettamorde und erwartet behaglich: »Unsere Polizei wird das schon aufdecken!« Er bedenkt dabei nicht die Gefahren oder Verlockungen, die das Untertauchen, oft anonym oder verkleidet, in die Labyrinthe der Unterwelt in sich birgt. Da winken Verführungen und Bestechungen, denen der Polizist unter der Maske scheinbarer Kumpanei widerstehen muß. Außerdem soll er noch ein fühlender Mensch bleiben und sogar Verständnis für die gestrauchelten Kreaturen aufbringen, da diese oft schuldig-unschuldig und verführt auf Irrwege geraten sind.

Ein mitfühlender Mensch soll der Polizist bleiben und denkender Staatsbürger. Wie nun kann er sich zu »Einsätzen« verhalten, deren Endzweck er als reifer Staatsbürger nicht billigen kann und die er ablehnt? Wenn er nicht ein bloßes gehirnloses Werkzeug einer Staatsgewalt für deren umstrittene Zwecke sein möchte – wie kann er sich da verhalten? Hamlet spricht vom »Übermut der Ämter«, das können Ämter sein, die Entscheidungen gegen den Bürgerwillen treffen und die ihre Ziele mit entsprechenden »Einsätzen« und Brachialgewalt durchsetzen wollen. »Einsatz«, das heißt, man setzt ein Instrument ein, daß selber kein Gefühl und kein Gehirn haben soll. Kann aber ein Mensch in Uniform ein blind gehorchendes Instrument sein?

Wir verlangen sehr viel mit unserer Erwartung, daß der Staatsbürger im Gewand der Uniform sich in erster Linie als Mensch durchsetzt, ohne daß er des Verstoßes gegen die Disziplin beschuldigt wird. Ich bin erfreut von »kritischen Polizisten« zu hören, aber würdigen wir dabei gebührend den Konflikt der manchmal zwischen Gewissen und Gehorsam aufbricht? Wie ist er zu lösen? Wohl nur durch Verständnis von beiden Seiten. Durch friedliche Proteste gegen Torheiten der Obrigkeit einerseits und eine erhöhte Bereitschaft der Obrigkeiten, Unwillen und Ablehnung der Bürger zu respektieren. Dahin ist es ein weiter Weg, der aber in einer Demokratie begehbar ist. Die Behörden sollten sich über die »kritischen Polizisten« freuen, statt Kadavergehorsam zu züchten, denn nur ein denkender Staatsdiener kann ein nützlicher Staatsdiener sein.

Wir müssen die Polizei als Freund betrachten können. Die Beziehung der Engländer zu dem freundlichen »Tommy« sollte uns ein Vorbild sein, im Gegensatz zur Tränengas- und Gummiknüppelpolizei mancher Länder.

Ich muß noch sagen, ich bin ein alter Mann, ein pensionierter Beamter. Ich erlebe die Polizei nur, wenn mich Grenzpolizisten am Flughafenschalter freundlich und rasch durchwinken.

Dr. Karl Pfauter, Generalkonsul a.D., München

»Ein ausgewogenes Verhältnis
von Einschreiten und Bürgernähe«

»Wir haben hier ein ausgewogenes Verhältnis von Einschreiten und Bürgernähe«

Georg Buchholz, Polizeiobermeister in Köln

Zum Familienstand kann ich gleich mal sagen, ein Großteil der Kollegen ist geschieden. Das ist ein Mitbringsel unseres Berufes. Polizeibeamter wirst du in der Regel zwischen 16 und 20 Jahren. Genau in dieser Zeit lernst du eine Frau kennen. Die weiß ja noch nicht, was dieser Beruf mit sich bringt: Wechseldienst, und zwar in knallharter Form, viele Überstunden, die du kaum abbauen kannst. Es kommt einfach immer was dazwischen. Wenn du frei hast, muß das nicht immer so sein. Wie gestern abend z. B.: Ich bin vertretungsweise im Spätdienst Funkstreife gefahren, dann trat kurz vor Feierabend ein Exitus ein, das heißt, jemand ist gestorben. Der war gestürzt, und zwar mit dem Kopf gegen einen Heizkörper. Hatte er vorher einen Herzinfarkt gekriegt? Oder ist er ausgerutscht und es war ein Unfall? Das ist eine wichtige Sache für die Versicherung: Bei einem Unfall wird die doppelte Summe gezahlt. Das muß also alles seinen richtigen Weg gehen. Im Interesse der Angehörigen Anordnung einer Obduktion usw. Da muß ein Fernschreiben raus, und dann kannst du am nächsten Morgen antanzen, hast fünf Stunden Schlaf gehabt. Und die Frau wartet die ganze Zeit. Das macht die ein paar Mal, dann sucht sie sich einen anderen, für ein bißchen Ausgleich.

Zur Polizei gekommen bin ich, weil ich nicht zur Bundeswehr wollte. Wie ich die Ausbildung erlebt habe? Da müssen Sie fragen, wie ich das erste Jahr erlebt habe. Grundausbildung bedeutet erst mal ein Jahr lang das tun, was du bei der harten Ausbildung bei der Bundeswehr in sechs Wochen machst. Ein Jahr lang. Um zehn geht das

Licht aus. Du wirst als 19jähriger behandelt wie ein kleines Kind. Wenn du vom Grundgesetz ausgehst, freie Meinungsäußerung, überhaupt die Freiheit des Menschen, das kannst du alles vergessen. Verbesserungen am Arbeitsplatz, wofür Gewerkschaften kämpfen, das verliert da seine Wirklichkeit. Die Möglichkeit, einen fertig zu machen, haben die zweifelsohne. Wenn du nicht spurst wie die möchten, dann zeigt dir halt mal der Judoausbilder, was eine Harke ist, oder man sagt: »Wenns dir nicht paßt, kannst du gehen!« Dann überlegst du. Bei mir ist das fast soweit gegangen, bis zum Rausschmiß. Ich konnte einfach nicht einsehen, um zehn das Licht auszumachen. Wenn ich noch lesen möchte, lese ich. Die haben dann immer gesagt: die Ausbildung schaffst du nur dann, wenn du ausreichend Schlaf hast: Das ist falsch. Jeder Mensch ist anders. Ich brauch nicht viel Schlaf. Schlimm ist, wenn du schlafen sollst. Licht aus, du liegst im Bett und bist topfit. Da gehst du kaputt dran. Das erzeugt so einen Druck, daß du am liebsten raus willst.

Im zweiten Jahr als Bereitschaftspolizist ist dann alles um 50 Prozent besser. Du fährst zu Einsätzen mit raus, Kalkar und so, das geht, das hält sich alles im Rahmen. Das ist ein Jahr, da meinst du, das ist Urlaub vom ersten. Das war echt eine Super-Zeit, locker vom Hocker. Anschließend hat man ja heutzutage nur noch ein halbes Jahr, in dem du deine Arbeiten schreibst. Das läßt sich auch noch gut ertragen. Ist auch locker. Schlimm ist das erste Jahr, menschenunwürdig. Sag ich ehrlich, dazu steh ich auch.

Nun kommen wir aber mal zum Alltag. Das sieht hier bei uns so aus: Geschwindigkeitsüberwachung, Rotlichtüberwachung, Überholverbot, überall da, wo Unfallbrennpunkte sind, schreiten wir gezielt ein. Auch mal auf dem kriminellen Sektor. Wir arrangieren uns da mit der Kripo. Ein Fall: Diebstahl von Kindersachen in der Schule. Das hat sich in letzter Zeit gehäuft. Die Kripo ist selber überlastet, also greifen wir ihr ein wenig unter die Arme, weil wir ein bißchen mehr Zeit haben, setzen uns in die Schule und observieren. Wir können also sehr schnell umschalten: Das ist notwendig, also machen wir was.

Bürgernähe ist auch so ein Punkt. Ich bin hier in Longerich bekannt wie ein bunter Hund. Wenn du jetzt hier anerkannt bist, bist du etabliert, dann tut es dem Bürger leid, wenn er was falsch macht. Nehmen wir mal den Wirt hier. Betrunken fahren? Da wird er sich überlegen: »Wenn ich erwischt werde, verliere ich das Ansehen beim Schorsch, also bei mir. Nein, das kannst du dem Schorsch nicht antun.« Da benehmen sich die Leute anständig, weil sie den Schutzmann als ihren Kumpel kennen, der hat nun mal zufällig den Polizeiberuf. Finden sie auch gut. Mit Problemen kommen sie zu einem, wir haben hier also ein Super-Verhältnis, genauso wie sich das Innenminister Schnoor wünscht. Hier in Longerich haben wir ein ausgewogenes Verhältnis von Einschreiten und Bürgernähe. Beides muß sein.

Was mir am Polizeiberuf gefällt ist einfach gesagt: Du bist etwas aus der Anonymität heraus. Wenn du ein Schlosser bist, in irgendeinem Betrieb, bist du der Schlosser X. Wenn du hier durch Longerich streifst, kennen dich deine Bekannten und Freunde. Als Polizeibeamter kennen dich die Leute, egal wo du hinkommst. Das ist auch was angenehmes. Du bist angesehen. Wenn du nicht angesehen bist, hast du den falschen Beruf.

Was mir nicht gefällt: Jede Dienstgruppe hat zu wenig Leute. Die Überstunden sollten wegfallen. Das Brot für die jungen Kollegen ist sehr, sehr hart. Man sagt zwar, mit 18 ist man erwachsen, aber reif zu werden, da bin ich überzeugt, beginnst du erst ab 30. Bis dahin läufst du halt der Musik hinterher und siehst, daß du überlebst. Das wirkt sich natürlich auf die Familie aus. Wie bei mir und vielen andern auch.

Wenn Sie mich heute fragen: noch mal Polizeibeamter werden? Unter diesen Voraussetzungen mit Sicherheit nicht. Ich hab mit vielen gesprochen, das würden viele nicht mehr tun. Die ich gesprochen hab. Unter den heutigen Voraussetzungen. Die Bezahlung, wenn du dir anschaust, was auf der Straße los ist, paßt nicht mehr. Der Druck ist zu groß. Ich bin seit 1973 dabei und hab mit 34 Jahren meine 2.280 Mark netto. Das Geld verdiene ich draußen irgendwo an der Maschine, ohne mich diesem Druck und dem Risiko auszusetzen. Klar kannst du sagen: Beamter auf Lebenszeit, gesicherte Rente. Aber wer garantiert mir das? Ich weiß nicht, was die Politiker in fünf Jahren entscheiden. Also den Lohn finde ich absolut unangemessen. Absolut.

Was mir auch nicht gefällt: das ständige Zuschmeißen mit Verfügungen. Jeder, der sich mal ein goldenes Sternchen verdient hat, also Rat wird, Schutzbereichsleiter z. B., muß sich profilieren. Dazu müssen sie sich was Neues ausdenken. Wir können zwar dagegen opponieren und sagen: »Das ist absoluter Blödsinn, was soll das?« Aber du hast keine Chance. Da kommt der Herr Kommissar, was dein direkter Vorgesetzter ist, und der wird dir schon nahelegen, wie das zu machen ist. Da hast du dann 8.000 Verfügungen, die du unmöglich alle kennen kannst, aber einen Großteil davon unterschreibst du, das du sie zur Kenntnis genommen hast. Halte dich dann einmal nicht daran, weil du sie nicht kanntest – du hast sie unterschrieben. Dann kann die Post abgehen. Das ist das, womit die jungen Kollegen sicher überfordert sind. Die Älteren sehen das nicht mehr so eng. Diese Bürokratie, eine einzige Papierflut, an der wir noch mal ersticken werden.

Auf Demonstrationen bin ich privat und dienstlich gewesen. Privat sogar in eigener Sache, nämlich für unsere Rechte. Wenn ich dienstlich da bin, dann habe ich nur den Überwachungsauftrag, die Demonstration zu schützen. Wird die Demo verboten, dann hat das schon seinen Grund, und sollte etwas an diesem Grund zu mäkeln sein, dann haben die Betroffenen die Möglichkeit, über Presse, Rundfunk und und und, diesen Grund publik zu machen. Führen diese Leute aber trotzdem die Demo durch, wissen sie von vornherein, daß sie von uns aufgelöst wird. Wenn man mir dann mit Steinen und Geschossen begegnet, muß ich mit geeigneten Mitteln dagegen angehen. Dazu steh ich, wenn es heißt: »Knüppel frei«, und wenn der Wasserwerfer eingesetzt wird. Es mag sein, daß manchmal – Ausnahmen – Außenstehende durch Zufall da reinrasseln und betroffen sind. Wenn die sich über die Polizei beschweren, würde ich mich mit denen genauso wie mit Ihnen unterhalten und ich würde sagen: »Das tut mir furchtbar leid, das ist Pech, das ist Schicksal, das wollten wir nicht. Wir wollten nicht sie treffen, sondern nur verhindern, daß die Chaoten – die nun wirklich hartmachen – Unheil anrichten.« Ob das nun Startbahn West ist, Kalkar oder Wackersdorf.

Demonstrieren würde ich selbstverständlich für alles, was mich als Mensch angeht. Polizist bin ich ja erst in zweiter Linie. Wenns um die Umwelt geht, das betrifft mich doch. Wenn sie überall die Wälder abholzen, das betrifft mich doch. Wenn sie Chemikalien durch die Straßen transportieren, als wenn's Mülleimer wären, das interessiert mich auch. Da geh ich auf die Straße, friedlich.

Als ich von den Frankfurter Polizistenmorden hörte, hab ich nur gesagt: Das mußte mal so weit kommen. Das Verhältnis: böse Polizisten – unverstandene Bürger, wurde von den Leuten so hoch geschaukelt, das einer mal diese

Dummheit begeht. Jemand, der vorgibt für die Umwelt zu sein und zwei Menschen niederschießt, macht sich unglaubwürdig. Das hat mich betroffen gemacht. Ich kann mir schon vorstellen, wenn sie da eine Masse Wald abroden, von der Lärmbelästigung abgesehen, daß das mit Sicherheit einige Anwohner trifft. Ganz klarer Fall. Nur, was ich nicht verstehe, daß diese Leute, die dafür kämpfen, unter ihren Reihen sowas dulden. Mich stimmt es nachdenklich, das denen ein Polizist so wenig wert ist. Eigentlich sollten die Bürger Sturm dagegen laufen. Es müßte irgendwann mal soweit kommen, daß es heißt: schützt unsere Polizei vor solchen Chaoten. Die machen ja auch dem Bürger alles kaputt.

Ob die Polizei für Fehler der Politiker verheizt wird? Ja. Durchaus. Das ganze Polizeiwesen ist ein Politikum und wird's auch immer bleiben. Großprojekte sind ein Politikum. Man kann ganz klare Entscheidungen herbeiführen. Zum Beispiel: Nun fragen wir doch erst mal die Bürger. Die müssen doch ein Mitspracherecht haben, wenn man denen eine Atomanlage hinbauen will. Wenn die sagen: nichts läuft; muß man weiter fragen: Ist diese Anlage unbedingt notwendig oder hat man andere Möglichkeiten? Solange man das nicht tut und nur über den Tisch hinweg entscheidet, muß man sich nicht wundern, wenn wir Polizisten unzufrieden sind und glauben, daß wir von den Politikern verheizt werden. Das ist eine Meinung die nicht nur ich vertrete, sondern das Gros. Andererseits, wenn ich an der Startbahn eingesetzt würde, wo ich mit einigen Dingen nicht einverstanden wäre – ich müßte meinen Dienst dort tun. Einen dritten Weg gibt es nicht.

Ein besonderes Erlebnis? Ich bin mit einem Kollegen Streife gefahren, und wir kriegten einen Einsatz: sollten drei Pferde einfangen. Die galoppierten da genüßlich über das Feld, hatten Spaß an ihrer Freiheit. Mein Kollege war

Pferdenarr. Da sagte ich zu ihm: »Du hör mal, ich hab von Pferden keine Ahnung. Ich weiß, daß die einen großen Kopf haben, ansonsten hab ich mit den Viechern nichts im Sinn. Ich weiß nicht, beißen sie, treten sie?« Naja, er raus, übers Feld, fing das Führungstier ein und die anderen sind hinterher getrabt. Dann mußten wir noch zwei Kilometer die Landstraße benutzen. Ich hab Blaulicht angemacht, die Warnblinkanlage, um die nachfolgenden Fahrzeuge zu warnen. Ich also im Wagen und vor mir mein Kollege, einen Zossen an der linken und einen an der rechten Hand, der Dritte trabte hinterher. Und dann kam mir dieser jecke Gedanke, ich weiß auch nicht, wie einen der Teufel so reitet – ich hab den Außenlautsprecher angemacht und reingebrüllt: »Hüa! Hott! Hiwi!« Da sind die Pferde durchgegangen und der Kollege hing mitten drin. Ich weiß noch, ich hab so 40 Stundenkilometer draufgekriegt im Wagen. Vorneweg die Pferde mit meinem Kollegen, das Polizeiauto mit Blaulicht, andere Autos hinterher, das war traumhaft. Die Uniform des Kollegen war hinterher komplett durchgeschwitzt und wir haben Tränen gelacht.

Schlimm sind immer die Ereignisse, wo ein Mensch aus dem Leben gerissen wird und du die Nachricht hinterbringen mußt. Da war ein Mann mit einem Mofa verunglückt. Er ist noch an der Unglücksstelle verstorben. Dann mußte ich zur Familie. Da machte die Frau lachend die Tür auf, Kinder im Alter von 13 und 14 Jahren machten Kissenschlachten, da war eine Stimmung in der Bude, ganz, ganz toll. Die Frau: »Was wünschen Sie?« Ich: »Darf ich erstmal eintreten?« Sie: »Ja, was ist denn?« Ich: »Gehn' wir ins Wohnzimmer?« Sie: »Was soll das?« Ich: »Seien Sie mir nicht böse, jetzt wo sie alle am Lachen sind, brauch ich erst mal einen Cognac.« Die Frau war so verdutzt, gießt mir einen Cognac ein und fragt: »Ja, was ist denn?« Dann sag ich: »Ich muß ihnen leider sagen, daß ihr Mann vor einer halben Stunde tödlich verunglückt ist.« – Sie springt auf, rennt ins Kinderzimmer und ruft: »Kinder, Kinder, euer Papi ist tot.« – Alles am Heulen. Na, hab ich die eine Tochter genommen und hab erstmal mitgeheult.

Man darf nicht alles aufnehmen, du darfst nicht überall mitempfinden, sonst hast du bald keine Substanz mehr. Aber das ist das Schlimmste, was ich mir so vorstellen kann, diese Nachrichten zu überbringen.

»Ihre Mütze sitzt schief, Borchers!«

Reinhard Borchers, 32, ist Polizeiobermeister in der Polizeieinsatzzentrale in Hamburg.

Mit 17 hab ich angefangen, gleich nach der Mittleren Reife. Der Hauptgrund für mich war, Zuhause rauszukommen. Dann hatte ich damals noch ein nebulöses Bild von Gut und Böse, und da war natürlich der finanzielle Anreiz. Immerhin man erhielt 700,– DM auf die Hand, und das war damals schon 'ne Menge Geld. Ursprünglich wollte ich mal zur See fahren, aber das scheiterte an der Fünf in Mathematik.

Ich habe dann in Hamburg die dreijährige Ausbildung gemacht. Das ist hier etwas anderes als z. B. in Bayern. Wenn man zur Bereitschaftspolizei kommt, ist man schon fertig ausgebildet. Die Ausbildung stand ganz unter dem Gesichtspunkt des Gehorsams. Die Fachlehrer haben sehr darauf geachtet, daß die Uniform sauber, der Haarschnitt gemäß ist und so weiter. Ich hatte da ein traumatisches Erlebnis, das ich nie vergessen werde. Es gab bei uns einen Klassenlehrer, der sagte einmal während des Unterrichts zu mir: »Ihre Mütze sitzt schief, Borchers.« – »Ihre auch, Herr Kühn«, antwortete ich. Darauf er: »Ich bin Oberkommissar, ich darf das.« Also ich würde nie so den Vorgesetzten 'rauskehren. Ich kann das nicht ab, dies Besserwisserische in einer höheren Position; ich bin mehr für ein Miteinander.

Ich hatte auch einen guten Fachlehrer, der hat uns öfter zu gewerkschaftlichen Lehrgängen geschickt. Dort wurden wir über die Arbeitnehmerfunktion eines Polizisten aufgeklärt. In dieser Zeit begann ich kritischer zu denken und las auch entsprechende Bücher. Ich fragte mich, wo ich überhaupt im Leben dieser Gesellschaft stehe?

Nach der BePo-Zeit bin ich zur Revierwache nach Hamburg-Blankenese. Das ist eine Trabantenstadt, in der es eine interessante Bevölkerungsstruktur gibt. Auf der einen Seite viele arme Leute, auf der anderen aber auch viele »Bratenfresser« – so haben wir sie genannt. Dort habe ich es sechs Jahre ausgehalten, bis das Betriebsklima auf Null war.

Ich bin dann in die Einsatzzentrale gewechselt. Hier rufen die Bürger unter Eins-Eins-Null an und fragen um Rat. Diese mehr beratende Funktion liegt mir eher, als wenn ich »durchgreifen« muß. Inzwischen hatte sich bei mir ein ganz gutes, linkslastiges Bewußtsein entwickelt. Das lag wohl auch daran, daß ich in meiner Freizeit viel mit Nicht-Polizisten zusammen bin.

Als ich von den toten Kollegen an der Startbahn West erfuhr, konnte ich das zuerst nicht glauben. Ich hatte das Gefühl, der Prozeß der Verständigung ist auf einen absoluten Nullpunkt gekommen. Ich wußte überhaupt nicht, wie ich mich weiter verhalten sollte. In einer Gruppe hatten wir gerade zu dieser Zeit eine Diskussion über Polizei ohne Waffen bei Demonstrationen geführt – und dann passiert sowas. Als die ersten Fahndungserfolge kamen, hat mir das doch zu denken gegeben: Wieso das jetzt plötzlich klappt? – Ja und dann kamen die Forderungen nach Strafverschärfungen. Als ob so mancher Scharfmacher nur auf so etwas gewartet hätte.

Von der geplanten Wiederaufarbeitungsanlage in Wakkersdorf halte ich gar nichts. Es fällt einfach zu viel zusammen: Tschernobyl und die ganzen Atomskandale, die zuletzt in der Bundesrepublik aufgedeckt wurden. Und dann ist da noch der Atomwaffensperrvertrag, der zufällig 1995 ausläuft, wenn die WAA fertig sein soll. Ein Kollege aus Bayern hat mir erzählt, daß ein Vertreter der DWK, die Wackersdorf baut, in den Dienstunterricht der Polizeidienststellen geschickt wurde, um die Polizisten über die

Wiederaufbereitungsanlage »aufzuklären« und darüber, daß Atomkraftwerke keine Waldschäden verursachen. Also ich finde, das ist keine Aufklärung über polizeiliche Aufgaben, das gehört nicht in den Unterricht.

»Wir müssen aufpassen, daß wir nicht zuviel Kredit verspielen«

Rudolf Figgen, 30, ist Kriminalkommissarbewerber an der Fachhochschule Köln. Ursprünglich wollte er einen kaufmännischen Beruf erlernen, nahm aber dann an einer Aufnahmeprüfung bei der nordrhein-westfälischen Polizei teil. Er bestand und begann seine Ausbildung an der Landespolizeischule Münster.

Von Münster kam ich nach Bochum, wo ich meine Ausbildung mit der 1. Fachprüfung beendete. Nach dieser Prüfung wurde ich nach Bonn versetzt, um dort einen Dienst zu versehen, der innerhalb der Polizei wohl als der Unbeliebteste von allen möglichen Diensten angesehen wird. Ich hatte hier die absolut frustrierende Aufgabe, Botschaften und Politiker zu bewachen. Diese eineinhalb Jahre beim »Objektschutz« waren für mich die bisher schlimmsten Jahren bei der Polizei. Das war nämlich nicht der Dienst, den ich mir vorgestellt hatte, als ich zur Polizei ging. Während dieser Zeit wäre ich beinahe abgerutscht. Ich habe dort auch Kollegen kennengelernt, die abgerutscht sind. Sie sind an diesem Dienst mit seinen absoluten Frustrationen im wahrsten Sinne des Wortes »kaputtgegangen«. Du stehst vor einer Botschaft, es passiert nichts was deine Aufmerksamkeit erregen könnte und du verspürst die totale Langeweile.

Das Problem ist, wie der Einzelne mit dieser beruflichen Frustration fertig wird, wenn er nach Dienstschluß in sein Privatleben zurückkehrt. Die meisten stammen nicht aus Bonn. Sie sind also beruflich unzufrieden und haben nach Dienstschluß niemanden, mit dem sie über ihre Probleme reden können. Nicht selten werden dann diese Probleme durch übermäßigen Alkoholgenuß verdrängt.

Bei gewalttätigen Demonstrationen, an denen es richtig »zur Sache« ging, bin ich nie eingesetzt worden. Dafür bin ich dankbar, denn aus meiner späteren Einzeldienstzeit weiß ich, daß die Bewältigung gewalttätiger Situationen mit die schwierigste Aufgabe ist, der sich Polizeibeamte stellen müssen. Dies gilt physisch wie psychisch.

Die Medien in unserem Lande haben einen nicht unwesentlichen Anteil daran, daß Gewalt, ob von Demonstranten oder von Polizisten initiiert, in epischer Breite der Öffentlichkeit vorgetragen wird. Dadurch entsteht der Eindruck, als ginge es bei Demonstrationen nur noch um Gewalt. Wir haben in Kalkar bei einer Demonstration gegen den Schnellen Brüter bei wunderschön sonnigem Wetter auf einer Wiese mit Demonstranten zusammen Tee getrunken und uns dabei gut unterhalten, wobei es auch um das Kernkraftwerksproblem selbst ging. Das hat in keiner Zeitung gestanden.

Was meine persönliche Ambition angeht, möchte ich zur Kripo, wenn möglich zum Rauschgiftkommissariat. Die Drogengefahr ist die größte Bedrohung, die zur Zeit für unsere Gesellschaft besteht. Ich möchte mich am Kampf gegen diese Drogenkriminalität beteiligen. Meiner Ansicht nach ist die Bedrohung durch die Drogen von der Politik noch nicht richtig erkannt worden. Es wird verhältnismäßig wenig Geld für die Bekämpfung der Drogenkriminalität zur Verfügung gestellt. Nach Ergebnissen wissenschaftlicher Untersuchungen kann heute davon ausgegangen werden, daß über 80 Prozent der registrierten Kriminalität zur sogenannten Beschaffungskriminalität zu zählen ist. Das heißt, wenn ich in der Lage bin die Drogenkriminalität in den Griff zu bekommen, dann bekämpfe ich gleichzeitig einen großen Teil der anderen Kriminalitätsarten.

Was Wackersdorf angeht, so kann man natürlich darüber diskutieren, ob z. B. eine WAA oder auch andere Anlagen gebaut werden müssen oder nicht. Einige solcher umstrittenen Projekte haben wir ja nun auch hier in der Bundesrepublik. Je umstrittener ein solches Projekt ist, desto mehr polizeiliche Einsätze werden erfahrungsgemäß an solchen Objekten gefahren. Und je größer die demonstrierende Menschenmenge ist, desto mehr müßte eigentlich die politische Führung zu neuen Überlegungen in Bezug auf das durchzusetzende Projekt veranlaßt werden. Das ist allerdings oft nicht der Fall, so daß man sich gelegentlich schon die Frage stellen muß, ob die Polizei verheizt wird, wenn Politiker feststellen, daß sie ihre Ziele mit politischen Mitteln nicht mehr durchsetzen können. Diese Frage stellt sich natürlich um so mehr, wenn ich lese, daß z. B. in Wackersdorf nicht mehr nur die uns bekannten reisenden Demonstranten am Werk sind, sondern die Einheimischen, die ja nicht gerade als linksradikal bezeichnet werden können. Im Gegenteil: Viele der Demonstranten gerade in Wackersdorf haben früher immer loyal hinter der Regierung gestanden. Dies scheint nun nicht mehr der Fall zu sein, sonst würden dort nicht 60jährige mit Steinen werfen.

Schaut man sich diese Situation in Wackersdorf an, muß man feststellen, daß die Kollegen dort eindeutig für die Durchsetzung politischer Ziele mißbraucht werden. Dies ist um so bedauernswerter, weil die Polizei dort gezwungen ist, gegen Teile der Bevölkerung vorzugehen, die sonst immer hinter der Polizei gestanden hat. Wir müssen aufpassen, daß wir dort nicht zuviel Kredit verspielen.

Ein besonderes Erlebnis? Ich bin jetzt seit zehn Jahren bei der Polizei, so daß es schwierig ist, diese lange Zeit in ein paar Minuten vorbeiziehen zu lassen. Doch ein Ereignis ist mir unvergessen geblieben. Es ging um ein Hilfeersuchen einer älteren Dame. Sie war völlig aufgelöst, als ich mit meinem Kollegen in Ihre Wohnung kam. Weinend kam sie auf uns zu und zeigte immer wieder in Richtung einer Zimmertür. Sprechen konnte sie nicht mehr. Ich war noch relativ unerfahren und dachte mir: Mal schauen, was in dem Zimmer passiert ist. So öffnete ich forsch die Tür und lief direkt in die Arme des Sohnes der alten Frau. Er hatte sich an der Türzarge aufgehängt. Dieses Erlebnis hat mich lange beschäftigt, weil die Frau ihren Sohn sehr geliebt hatte. Damals nahm ich mir zwei Tage frei, um nachzudenken.

»Unsere tägliche Drecksarbeit«

T. R., 31, arbeitet als Verkehrspolizist im Raum Nürnberg.

Ich wollte nicht zur Bundeswehr. Dann hab ich während der Realschulzeit die Prüfung zur Polizei gemacht und sie auch problemlos bestanden. Für mich war das damals eine Notlösung. – Sechs Jahre war ich bei der Bereitschaftspolizei, in Nürnberg, in Dachau usw. Die Grundausbildung dauerte ein halbes Jahr, das war hart, da wollte ich dauern aufhören. Da passiert nichts anderes als Gehorchen und Gehirn abschalten, wie beim Bund. Ein richtiger Blödeldienst. Was mich hielt, war die Möglichkeit von Sonderausbildungen. So hab ich eine Funkausbildung gemacht und den Motorrad-Führerschein. Nach zweieinhalb Jahren war ich fertiger Polizist und kam »raus«: Brokdorf, Wackersdorf, Christkindlmarkt in Nürnberg, Objektüberwachung usw. Man ist nur Einsatzkraft, hat keine Ausbildung mehr. So wars früher. Jetzt ist es vielleicht etwas anders. Aber die Jungen heute haben schon nach zwei Jahren kein Gefühl, keine Sensibilität mehr. Nach sechs Jahren Bereitschaftspolizei kam ich dann zum Einsatzzug PI (Polizei-Inspektion) Nürnberg-Ost. Damit hat sich erst einmal entschieden, welchem Regierungsbezirk man zugewiesen wird. In Nürnberg hatte ich fünf Jahre brutalen Schichtdienst. Immer im Drei-Tages-Rhythmus: von 13 bis 2 Uhr, von 6 bis 12 Uhr und von 20 bis 6 Uhr. Dann hat man theoretisch zwei Tage frei, muß sich aber erst mal ausschlafen. Die schauen alle nach fünf Jahren Schichtdienst fünf Jahre älter aus als sie sind.

Auf dem Revier sind die Leute teilweise für nichts und wieder nichts zusammengeschlagen worden. Es gibt dort eine Art Pegel, ist der erreicht, kommt es zu einer Entladung. Mit der Zeit spürst du, heute gehts wieder los, oder heute bleibts ruhig. Natürlich liegt das auch an dem Verhalten der Gegenüber. Auf dem Revier sind es Straftäter, die die Beamten provozieren, bei der Verkehrspolizei nicht, dort ist die Stimmung weniger aggressiv. Manche lästern: »Ihr dürft ja gar nicht schlagen.« Das ist eine Täuschung. Das passiert relativ oft im Vollzug.

Geschlagen wird nach einem ungeschrieben Gesetz: Der, der den Täter mitbringt, hat's in der Hand. Wenn der zuschlägt, kanns losgehen, sonst nicht. Wenn er nichts macht, machen die anderen auch nichts. Bei mir waren die Festgenommenen immer sicher. Ich habe nie jemand zusammengeschlagen. Einmal hab ich einem eine Watschen gegeben. Da hab ich mir gedacht: So, jetzt gehöre ich auch dazu. Meine Kollegen haben sich schon gewundert, daß ich mich zu so was hab hinreißen lassen, aber es ist bei der einen Watschen geblieben. Das ist alles schon fünf Jahre her, ich weiß nicht, ob es jetzt auch noch so ist.

Ich hab oft versucht, aus dem Schichtdienst rauszukommen. Aber ich hab einen schlechten Ruf und schlechte Beurteilungen. Für jeden Dienstbereich gibt es eine bestimmte Anzahl von Fünfern, Vierern und Dreier, die vergeben werden. Auf den Revieren gibt es die schlechtesten Noten. Das heizt die Stimmung noch mehr auf. Aber, wie gesagt, das was ich hier erzählt habe, sind nur die Spitzen.

Ich bin dann ganz plötzlich abberufen und zur Verkehrspolizei versetzt worden. Vielleicht wegen meiner politischen Meinung. Einmal habe ich nämlich im Kreis meiner Kollegen meine Meinung offen gesagt. Darauf folgte der Kalte Krieg, sie haben mich geschnitten, nicht mehr mit mir geredet. Ein Kollege hat schließlich, nach sechsstündiger wortloser Fahrt im Wagen, zu mir gesagt: »Es tut mir leid, aber mit so einer Kommunistensau wie Dir kann man nicht zusammenarbeiten!«

Bei der Verkehrspolizei habe ich Fortbildungskurse für

Strahlenschutz in Aining bei Salzburg besucht, weil mich das interessiert hat. In Bayern gibt es zehn oder zwölf Strahlenschutztrupps, sogenannte S-Truppe. Die zweiwöchige Ausbildung war viel zu kurz. Nach Tschernobyl sind wir ausgerückt. Das war ein Fiasko; aber das war ja überall so, warum sollen wir da glänzen? Außerdem waren wir gar nicht so ausgestattet, daß wir alles messen konnten. Heute hat sich aber vieles verbessert.

Wir haben kurz nach Tschernobyl die Luftfilter in der U-Bahnstation am Hauptbahnhof Nürnberg ausgewechselt und die Strahlenbelastung gemessen: Die war so ungeheuer hoch, daß die Stadt das Zeug bei Nacht und Nebel heimlich mit Unterstützung des Katastrophenschutzes oder des Stadtreinigungsamtes hat ins Kollosseum schaffen lassen. Dort liegt es jetzt noch, hinter meterdicken Mauern und strahlt vor sich hin. Die durchschnittliche Strahlenbelastung in Nürnberg betrug damals zwischen 100 und 200 Becquerel. Das ist sowieso so eine Sache mit den Becquerelwerten. Becquerel sagt nur etwas aus über die Aktivität, nichts aber über die Gefährlichkeit der Strahlung. Ich glaube, ich bin der einzige vom Strahlenschutztrupp, der sich intensiv damit beschäftigt. Ich bin bloß der Depp von Nürnberg. Das interessiert sonst keinen.

In der Gewerkschaft der Polizei bin ich aus Überzeugung. Die können viel erreichen, aber in Bayern läuft nicht viel. Die Parteizugehörigkeit spielt bei der Polizei natürlich auch eine Rolle. Viele Kollegen sind grün angehaucht, aber nicht in der Partei tätig. Im übrigen wird man von den verschiedenen Parteien bei Parteitagen als Polizist doch recht unterschiedlich behandelt. Die NPDler würden dir am liebsten einen Hunderter zustecken, weil du da bist. Die Linken sollten besser mit der Polizei zusammenarbeiten. Ohne Polizei geht es nicht, wir sind nicht nur an

WAA's tätig, das sollten die Linken endlich auch mal sehen, wenn sie fordern, die Polizei abzuschaffen. Die sollen mal kommen und sich unsere tägliche Drecksarbeit anschauen.

Der Leistungsdruck verhindert, daß man sich mehr mit den Leuten abgibt und so eine bessere Verständigung schafft. Zum Beispiel wollen die Leute heute bei Verkehrsunfällen nicht mehr Zeuge sein. Mit der Polizei möchte man heute weniger denn je zu tun haben. Diejenigen, die noch Achtung vor der Polizei haben, sterben allmählich aus.

Ein besonderes Erlebnis? Ich war mal an einer Kreuzung in Nürnberg gestanden und hab den Verkehr geregelt. Da ist eine etwa 70jährige Frau zu mir hergekommen und hat gesagt: »Wenn ich sie so sehe, dann bin ich wieder stolz, eine Deutsche zu sein.« Das haben meine Kollegen in der Dienststelle gar nicht glauben können. Ausgerechnet zu mir sagt sie sowas!

»Für mich ist das Alltag«

Polizeimeisterin, 26, aus einer Großstadt in Nordrhein-Westfalen.

In der Bundesrepublik gibt es derzeit etwa 25.000 Polizeibeamtinnen, die ihren Dienst vor allem in der Kriminalpolizei, seit einigen Jahren vermehrt auch in der uniformierten Polizei versehen; das entspricht bei etwa 205.000 Polizeibeamten/innen insgesamt einem Anteil von etwa 12 Prozent.

Der Polizeidienst war und ist mein Traumberuf. So lange ich denken kann, war dies meine Berufsvorstellung. Zum Glück hat es geklappt. Vorher habe ich Abitur gemacht und ein Jahr studiert.

Mein Alltag sieht wahrscheinlich so aus, wie der eines normalen Berufstätigen. Ich habe einen geregelten Dienst außer bei eventuell anfallenden Überstunden oder längeren Einsätzen über den Schichtwechsel hinaus. Ein Beispiel meines Alltages im Frühdienst: Aufstehen zwischen 4.30 Uhr und 5.15 Uhr, je nach Jahreszeit und danach ob Früh- oder Spätwagen auf dem Dienstplan steht. Frühstück fällt aus, das ist mir noch zu früh, außerdem müßte ich dann noch früher aufstehen. Die Fahrt von meinem Wohnort zur Wache dauert unter günstigsten Umständen eine knappe Stunde.

In der Wache ziehe ich mich dann um, denn ich fahre grundsätzlich nicht in Uniform nach Hause. Dann mache ich meine Sachen fertig (Streifenplan, Formulare etc.). Während des Dienstes sind zwei Stunden Dienst in der Wache vorgesehen z. B. für Anzeigenaufnahmen und andere Schreibarbeiten. Die übrige Zeit bin ich mit einem Kollegen im Streifenwagen oder auch mal als Fußstreife unterwegs. Im Frühdienst fallen als Einsätze hauptsächlich

Unfälle an, Einbrüche werden bemerkt, die im Lauf der Nacht verübt wurden, oder wir haben mit Verkehrsbehinderungen z. B. durch zugeparkte Ausfahrten zu tun.

Ich habe einen sehr abwechslungsreichen Beruf, muß mich immer wieder auf andere Menschen und Situationen einstellen können. Bei meinen Einsätzen, bin ich immer mit Menschen zusammen, die entweder etwas von mir wollen oder ich von ihnen. Dazu braucht man Einfühlungsvermögen und Flexibilität. Einen reinen Schreibtischjob wollte ich nie haben. Ich wollte immer mit Menschen arbeiten und ihnen auch helfen. Mir gefällt auch, daß ich als Polizeibeamtin Dinge erfahre oder Situationen erlebe, die man sonst nicht erlebt. Dies ist zwar auch nicht immer schön, aber eine gewisse Portion Nervenkitzel oder Spannung gehört nun einmal mit zu meinem Beruf. Außerdem gibt es unter Polizeibeamten eine große Kollegialität und es ist ein großes Zusammengehörigkeitsgefühl vorhanden, wie man es sonst wohl kaum erlebt.

Zu den Dingen, die mir nicht an meinem Beruf gefallen, gehört das negative Bild in der Bevölkerung über die Polizei, das vermutlich durch Großeinsätze bei Demonstrationen verstärkt worden ist. Es wird oft zusehr verallgemeinert. Durch die Medien wird das negative Bild der Polizei oft verstärkt. Das Gehalt ist auch ein Punkt, der mir mißfällt. Polizeibeamte werden für die Arbeit, die sie leisten, unterbezahlt.

Als Polizeibeamtin verstehe ich mich durchaus als »Freundin und Helferin«. Unsere ganzen Einsätze laufen doch darauf hinaus, daß jemand unseren Rat oder unsere Hilfe braucht. Das zeigt sich schon bei ganz alltäglichen Dingen. Viele Leute wissen z. B. nach einem Unfall nicht, wie sie sich zu verhalten haben. Für sie ist das meistens eine einmalige Situation, für mich ist das Alltag. Also kann ich ihnen sagen, was sie nun unternehmen müssen. Auch bei anderen Einsätzen wie z. B. nach einem Einbruch habe ich das schon oft erlebt.

Sicherlich bin ich in meinem Beruf nicht nur Freundin und Helferin, sondern auch »Ordnungshüterin«, denn wenn ich dem einen als Helferin zur Seite stehe nach einer Straftat, versuche ich auf der anderen Seite natürlich den Täter zu bekommen. Das gehört irgendwie zusammen.

Leider kommt meine Arbeit als Freundin und Helferin oft zu kurz, weil man aufgrund des Einsatzaufkommens meistens nicht genügend Zeit hat, um näher auf die Menschen einzugehen und sich mit ihnen zu unterhalten. Gerade ältere Leute haben aus Einsamkeit oft ein großes Mitteilungsbedürfnis und wir sind einer ihrer wenigen Ansprechpartner.

Die Demonstrationseinsätze, die ich mitgemacht habe, zwei davon über ein Wochenende, habe ich in unangenehmer Erinnerung. Das fängt schon mit der langen Fahrt in unbequemen Transportmitteln zum Einsatzort an, Unterbringung in Kasernen oder ähnlichem, ungeregelten Dienst durch ständige Einsatzbereitschaft verbunden mit wenig Schlaf, Ungewißheit über die genaue Situation. Man hofft, daß alles ruhig abläuft und man möglichst nicht zum Einsatz kommt.

Wenn man doch zum Einsatz kommt, wird man oft mit der Ablehnung der Demonstranten konfrontiert, manchmal sogar mit purem Haß, auch wenn wir einfach nur zur Verkehrsregelung eingesetzt sind. Ich hatte den Eindruck, daß die Demonstranten glauben, wenn ich dienstlich auf der »anderen Seite« stehe, dann bin ich auch automatisch für Atomkraft und gegen Abrüstung. Ich habe manchmal versucht, mit den Demonstranten zu diskutieren, aber gegen deren vorgefaßte und unumstößliche Meinung habe ich vergebens geredet.

»Die Tiere sind mein Liebstes«

H. K., 44, arbeitet als Hundeführer bei der bayerischen Polizei und lebt in der Oberpfalz.

Zu Tieren hab ich schon immer eine besondere Beziehung gehabt. Vom Menschen hab ich privat und dienstlich soviel Schlechtes erfahren, da sind die Tiere mein Liebstes geworden. Neben dem Hund hab ich auch noch Stallhasen, Hühner und Kanarienvögel.

Also die Zeit bei der Bereitschaftspolizei war hart. Da wollt ich ein paar Mal aufhören. Wenn es damals wirtschaftlich nicht so schlecht gewesen wär, hätt ich aufgehört.

Karriere machen? Nein, das ist vorbei. Nein, nein. Eventuell noch ins Büro hineinbefördert werden? Nein. Das würd ich nicht aushalten. Ich bin zufrieden, so wie es ist. Ich hab meinen Hund, mit dem geh ich über die Wiesen und Felder, mach meinen Streifendienst, komm durch ein paar Dörfer; da sind sie auch froh, wenn sie mal einen Polizisten sehen.

Ich bin gern bei der Polizei. Da hab ich eine geregelte Bezahlung, Sicherheit im Alter und vor allem hab ich mit meinen Hund soviel Freiheit. Ich bin viel in der Natur, das ist mir wichtig.

Leider bin ich mit dem Hund auch bei Demonstrationen eingesetzt, öfter als mir recht ist. Seit diesem Wackersdorf muß ich da immer hin. Überstunden machen, das geht ja noch, schlimm ists halt, wenns heiß hergeht. Was wir da schon für ein Kasperltheater gehabt haben, das ist unglaublich. Demonstranten von den Bäumen runtergeholt, nachts im Wald irgendwelchen Chaoten nachgejagt. Ha, ein Katz- und Mausspiel. Aber eins muß ich sagen, vor den Hunden haben die Demonstranten immer noch am meisten Respekt. Natürlich, wenn sie mit den Zwillen und den Stahlkugeln auf die Hunde zielen, dann ziehen wir uns zurück. Dann gehen die Kollegen mit den Schildern vor und daß dabei noch keiner tödlich getroffen worden ist, ist für mich ein Wunder. Die Stahlkugeln durchschlagen nämlich die Schilder wie nix.

Was ich von der WAA halte? Wissens, ich hab mich nicht soviel mit der Technik beschäftigt, nur, seit Tschernobyl hab ich das Gefühl, es stimmt überhaupt nix mehr. Damals, kurz nach Tschernobyl, da hat die ganze Natur irgendwie reagiert. Ich hab das Gefühl gehabt, die Bäum, das Gras, einfach alles hat gelitten. Das hab ich der Natur angesehn. Die Menschen machen die Erde kaputt.

»Frontenbildung«

Ein 30jähriger Hamburger Polizist, der namentlich nicht genannt werden will, erzählt, wie er die Frankfurter Polizistenmorde erlebt hat.

Ich war auf dem Weg zur Wache, das Radio lief, da hörte ich in den Sechs-Uhr-Nachrichten, daß zwei Polizisten erschossen worden sind und daß es mehrere Schwerverletzte gegeben hatte. Ich hab gedacht: Das kann nicht sein. Ich war erst mal sprachlos und zu keiner Reaktion fähig. Ich hab dann aber sofort wieder überlegt: jetzt wirst du wieder gezwungen, in diese Frontenbildung einzusteigen. Hier die Polizisten und da die Demonstranten, dazwischen das Niemandsland. Die Reaktionen der Kollegen hatte ich mir schlimmer vorgestellt, die waren insgesamt gesehen gemäßigt. Das hat mich überrascht. Ich hab bestimmt nicht geweint um jeden einzelnen Kollegen. Ich war zwar geschockt, hab aber nicht mehr getrauert, als ich um einen Toten eines Verkehrsunfalls trauern würde. Ich hatte meine Betroffenheit auch nicht dadurch zum Ausdruck gebracht, indem ich an diesen Trauermärschen teilgenommen hab. Da gerät man doch ganz schnell in eine Massenhysterie und schlachtet die Sache nur noch politisch aus. Das ist auch gemacht worden. Diese riesige Bestattungsfeier ist ein Mißbrauch der Toten gewesen. Bei den Polizisten, die ein oder zwei Wochen vorher in Hannover ermordet worden sind, Zivilfahnder, da hats keine Trauerfeier gegeben und auch nicht bei den drei in Bayern ums Leben gekommenen Kollegen. Sicherlich ist das in Frankfurt ein anderer Sachverhalt gewesen. Aber auf Seiten der Demonstranten hat es auch immer wieder Tote gegeben. Für mich hat der Staat nach den Frankfurter Ereignissen eine ganze Menge an Glaubwürdigkeit verspielt, als Gesetzesverschärfungen und Aufrüstung statt Besonnenheit und Abrüstung propagiert wurden.

»Bei uns besteht eine gewisse Verrohungsgefahr«

Die Frankfurter Polizistenmorde Anfang November 1987 hinterließen auch bei den Frauen und Freundinnen der Polizeibeamten tiefe Spuren. Aus Sorge um das Wohl ihrer Männer wurden sie bald selbst aktiv. Es bildete sich eine Gruppe von Polizistenfrauen, die für die Sicherheit ihrer Männer und für friedliche Demonstrationen auf die Straße gingen. Die Frau von Helmut Lohse, 31, Oberkommissar in Wiesbaden, war eine von ihnen.

Wer das ist, der Mensch hinter der Uniform? Ich bin das. Die Frage allein zeugt schon davon, daß von einer falschen Voraussetzung ausgegangen wird. Die Frage ist irgendwie schon deprimierend für mich. Man fragt ja auch den Bahnbeamten nicht, wer ist das, der Mensch hinter der Uniform?

Meine Frau erlebt die negativen Bestandteile meines Berufes natürlich auch mit. Wenn ich mit Frust aus dem Dienst komme, wirkt sich das auf das Verhalten daheim aus. Meine Frau fragt mich meist sofort: »Was war denn heute?« Ich sage dann erst mal nichts, ich will zunächst mal abschalten. Bei unserem Beruf besteht eine gewisse Verrohungsgefahr, bedingt durch die Leute, mit denen man umgehen muß. Man ist sozusagen der Depp der Nation. Man muß sich mit Leuten herumschlagen, die einen z. B. im Vollsuff beleidigen und anderes mehr, mit denen man jedenfalls privat nichts zu tun haben möchte. Trotzdem muß man sich aber mit ihnen auseinandersetzen. Da muß man aufpassen, daß sich das nicht auf den privaten Bereich überträgt.

Meine Frau hat sich der Initiative von Polizistenfrauen angeschlossen, die versuchen wollen, das Risiko des Polizeiberufs in der Öffentlichkeit darzustellen. Ihr Ziel ist, deutlich zu machen, daß Polizisten nicht nur Uniformträger sind, sondern auch eine Familie haben wie andere auch. Meist kommt die Polizei doch nur bei Demonstrationen in die Medien, wenn sie prügelt oder geprügelt wird. Man sieht nur dies. Deshalb waren die Polizistenfrauen auch schon bei einer Demonstration während einer Protestaktion gegen die Hanauer Nuklearbetriebe in Hanau, das war am 20. 3. 1988, wo sie mit Transparenten und Flugblättern die Demonstranten zur Gewaltfreiheit aufriefen: »Mein Mann ist Polizist. Ich habe Angst um ihn! Demonstriert friedlich.« Ansprechparnter dieser Aktion sollten diejenigen Demonstranten sein, die nicht von vornherein mit Gewalt demonstrieren wollen. Bei den Autonomen kann man das natürlich nicht anbringen, so wurden die Frauen etwa in Hanau unter anderem als »Bullenhuren« beschimpft.

Ich erinnere mich auch an ein Erlebnis bei einer Demonstration, das war 1986, als diese Pistole in Hanau geklaut wurde, mit der dann später an der Startbahn West geschossen worden ist. Da war ich zur Verkehrsregelung eingesetzt. Wir Polizisten sollten die Demonstranten vor dem Verkehr schützen. Aber als es dann brutal wurde, mußte ich die Kollegen mit Blaulicht und Martinshorn einsammeln, damit sie nicht verprügelt wurden. Damals, 1986, hat man für die Demonstranten viel Service geleistet und ihnen viel Vertrauen entgegengebracht. Leider ist dieses Verhalten der Polizei nicht angekommen, sondern ins Gegenteil umgeschlagen. Das hat natürlich zu Frustrationserlebnissen der Polizeibeamten geführt, die sich irgendwann auch mal niederschlagen.

Die Polizei kann derzeit die bestehenden Vorschriften nicht wahrnehmen. Das hat personelle Gründe und ist ein Ausrüstungsproblem. Man ist z. B. nicht richtig geschützt, wir haben Helme, die nicht richtig passen und die verrutschen, so daß ich nichts mehr sehe, wenn ich hinter einem herlaufe. Es wurde auch gesagt, man greift nicht besser durch, um die Demonstranten nicht zu provozieren, aber bei Parksündern geht man ja auch rigoros vor. Das ist rechtlich unbefriedigend, wenn man da Unterschiede macht. Das ist nicht in Ordnung. Wenn Sie bei Rot über die Ampel fahren, müssen Sie 100,– DM zahlen, wenn Sie auf einer Demonstration eine Ordnungswidrigkeit begehen, passiert gar nichts, weil Sie im Schutz der Masse oder der Vermummung gehen.

Was die Polizistenmorde angeht, da haben wir Glück gehabt. Denn normalerweise wäre die Wiesbadener Polizei mit dem Einsatz an der Startbahn West betraut worden. Wegen eines länger dauernden Einsatzes bei einem Manöver mußten wir passen. Sonst hätte es einen Kollegen hier oder mich erwischen können. Zuerst haben wir geflucht, daß der Einsatz so lange dauert, im nachhinein waren wir froh darüber.

»Ich weiß eigentlich nichts, was mir mißfällt«

Volker Stächer, 24, Polizeimeister in Wiesbaden, wohnt in Hadamar bei Limburg.

Wir haben hier ja in der Nähe die Startbahn West, da sind wir oft hingefahren. Am Anfang hat fast keiner von uns eine Ahnung gehabt, um was es ging. Da hat man doch gesehen, wie ein großer Bevölkerungsteil gegen eine Sache ist. Wie ich es erlebt habe? Ja, beeindruckend, später beängstigend. Die Polizei hat dabei einfach die Staatsgewalt repräsentiert; wer nun im Recht war, konnte man nicht feststellen. Ich hab mir manchmal schon gedacht, du mußt deinen Kopf hinhalten. Und je länger du dort gestanden bist, um so mehr hast du Haß aufgebaut. Unbewußt. Und wenn du dann mal einen erwischt hast, dann ist es natürlich losgegangen. Bei den Demonstranten war es vielleicht ähnlich. Sie waren gegen uns, weil wir dort die Staatsgewalt repräsentiert haben. Aber die Meinung der Politiker muß eben durchgesetzt werden von jemand. Ob das im Einzelfall eine richtige Entscheidung der Politiker war, kann ich nicht beurteilen.

Ich kann nicht sagen, ich fahr nicht mit, das geht nicht. Das hat es auch noch nicht gegeben, soviel ich weiß. Aber das kann man mit dem unmittelbar Vorgesetzten besprechen und dann kann man woanders eingesetzt werden. Besonders schlimm war, daß man schon gewußt hat, wenn es zur Startbahn West ging, was einen erwartet; da hat man schon im Vorfeld einen Haß aufgebaut. Wenn man weiß, da passiert nichts, fährt man viel lieber hin.

Ob ich selber demonstrieren würde? Wieso nicht? Aber für allgemeine Belange hätte ich wahrscheinlich keine Zeit. Wenn es einen persönlich betrifft, da demonstriert man eher. Das war auch so an der Startbahn West. Das waren hauptsächlich Leute aus der Gegend. Nur ein paar Berufsdemonstranten waren darunter, die, die überall dabei sind. Ein paar Gesichter erkennt man immer wieder. Es ist verblüffend, aber es ist wahr. Ich kann mir nämlich Gesichter gut merken.

Als ich mit der Schule fertig war, habe ich einen Beruf gesucht, wo ich mit Menschen zu tun habe. Ich wollte nicht nur hinterm Schreibtisch sitzen. Ich habe mich beim Bundesgrenzschutz und bei der Polizei beworben, die mich dann auch genommen hat. Seit 1979 bin ich jetzt dabei.

Die Ausbildung war am Anfang ganz schön schwer; ich bin praktisch vom Regen in die Traufe gekommen, ich mein, wegen der Schule. Aber sonst war es nicht schlecht. Ich war damals noch nie vorher von daheim weggewesen und mußte gleich nach Kassel für ein Jahr. Im nachhinein war es jedoch ganz gut. Ich habe dann später eine Zusatzausbildung am Wasserwerfer und Führerscheine gemacht. Ja, für einen der technisch interessiert ist, ist es wirklich gut dort. Hier im Revier mache ich den 12-Stunden-Schichtdienst, wobei ich den Nachtdienst, der von 18.30–6.30 Uhr geht, bevorzuge. Tagsüber fährt man nicht soviel raus, nachts kann man mehr machen, Verkehrskontrollen, Gaststätten usw., das macht echt Spaß. Man kann sich einiges einfallen lassen.

An meinen ersten Einsatz kann ich mit gut erinnern. Das war in Kassel und ich hab an der Kreuzung gestanden und den Verkehr angehalten, als der französische Ministerpräsident zu Besuch war. Da stand ich zum ersten Male in der Öffentlichkeit. Das war ein bleibender Eindruck. Das war vor etwa zehn Jahren und ich erinnere mich daran noch so gut als ob es gestern gewesen wäre.

Ich weiß eigentlich nicht, was mir mißfällt. Vielleicht später mal, wenn man älter ist, der Schichtdienst, aber er muß eben sein. Die Atmosphäre hier im Revier ist sehr gut, ich komm mit den Kollegen gut aus. Was mir auch nicht so gut gefällt, man wird nicht mehr so respektiert wie es sein sollte. Das mag an der Polizei selbst liegen, aber es liegt auch viel an den Leuten. Die Leute wissen besser über ihre Rechte Bescheid, und nehmen deshalb eine aggressivere Haltung ein.

Wo wir helfen können, da helfen wir. Durch den großen Arbeitsaufwand ist das oft nicht möglich. Manchmal kommen 10–15 Leute auf die Wache und wollen eine Anzeige machen wegen Sachbeschädigung, wobei viele Bagatellfälle dabei sind. Die Polizei kann das nicht alles bewältigen, z. B. bei Fahrraddiebstählen, und deshalb bekommt sie einen schlechteren Ruf.

Ich komm aus einer ländlichen Gegend, da hat der Beruf des Polizisten noch eine bessere Stellung als in der Stadt. Meine Frau oder meine Kinder sehen nichts Schlimmes darin, daß ich Polizist bin. Ich fahre eben zur Arbeit wie jeder andere auch. Natürlich hat meine Frau nach den Morden an der Startbahn West Angst gehabt, aber ich habe zu ihr gesagt, mir könnte in anderen Berufen genauso gut was passieren. Ich könnte z. B. vom Gerüst fallen.

Ich bin optimitisch. Weil sich der Großteil unserer Gesellschaft darüber Gedanken macht, wie es weitergehen soll. Jeder sieht doch, daß viel Mist gemacht wurde in der letzten Zeit, und jeder hat die Möglichkeit etwas dagegen zu tun. Ein Großteil ist so aufgeklärt, daß er was tun kann und ich glaube auch, daß in dieser Richtung etwas getan wird.

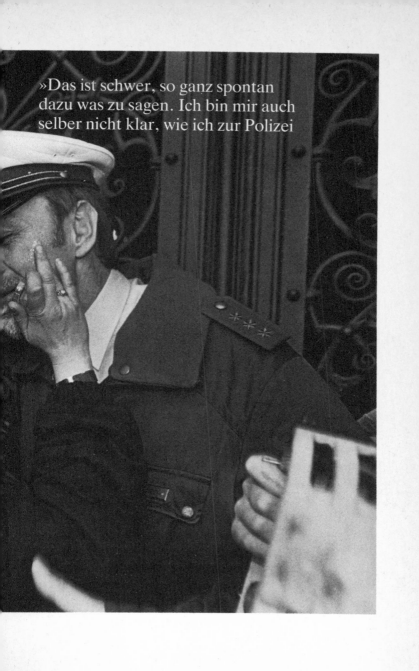

»Das ist schwer, so ganz spontan
dazu was zu sagen. Ich bin mir auch
selber nicht klar, wie ich zur Polizei

stehe. Auf der einen Seite ärgere ich mich oft über die Polizei, wenn sie zum Beispiel dauernd Strafzettel verteilen, was hier in Erlangen ganz schlimm ist, oder wenn sie mir bei Demonstrationen gegenüberstehn und mich bedrohen. Ich hab das letztes Jahr in Wackersdorf erlebt, und ich muß zugeben, ich hätte manchmal am liebsten auf die Polizisten dort eingeschlagen.

Auf der anderen Seite ist mir bewußt, daß wir so was wie die Polizei brauchen, weil die Leute nicht fähig sind, ohne Druck von oben miteinander auszukommen. Ich glaube fast, die Menschen haben sich so eine Organisation wie die Polizei geschaffen, weil sie vor sich selber Angst haben.«

Hans Weinlich, 28, Student, Erlangen

»Also eine Ordnung muß schon sein. Generell ist es schon gut, daß es die Polizei gibt. Wenn z. B. Betrunkene randalieren oder wenn es Schlägereien gibt, dann bin ich froh, wenn die Polizei einschreitet oder Betroffenen hilft. Ich weiß ein Beispiel: Zwei Bekannte von mir, die haben sich so gestritten, daß die Frau die Polizei holen mußte, um sich vor ihrem eigenen Mann zu schützen. Da ist die Polizei gekommen und hat den Streit geschlichtet.

Ich glaube auch, daß die Polizei meist der erste Ansprechpartner ist, wenn man Hilfe braucht. Jedenfalls in diesen Belangen. Was mir nicht gefällt, ist, daß die Polizei keine richtige Beziehung zur Bevölkerung aufbaut, daß die Polizisten nur Befehle ausführen. Sie müßten sich mehr für die Interessen der Bürger einsetzen. Sie sollten da im Einzelfall mehr Entscheidungsfreiheit haben; ob sie z. B. mit Schlagstöcken gegen Demonstranten vorgehen, wenn diese gegen Atomkraftwerke oder für den Umweltschutz demonstrieren, da diese Dinge für die Polizisten selbst, als Privatpersonen, auch wichtig sind. Die Polizei sollte in erster Linie für die Belange der Bevölkerung eintreten und nicht Stellvertreter sein für die Industrielobby. Die Polizei müßte einfach mehr Respekt zeigen vor der Bevölkerung, und versuchen, Gewalt zu vermeiden. Es wäre in jedem Fall nötig, daß die Polizisten pädagogisch geschult werden, damit sie lernen, besser mit den Menschen umzugehen, wenn diese etwa demonstrieren.

Die Polizei ist doch quasi ein Vermittler zwischen Politik und Bevölkerung, und die Polizei sollte versuchen, mehr ein Vertreter der Masse, also der Bevölkerung zu sein, als ein Vertreter der Politiker. Denn die Masse müßte eigentlich die Projekte bestimmen und nicht die Minderheit, die paar Leute aus der Politik und der Industrie.«
Evelyn Schönberg, 26, Frankfurt

»Ich kann eigentlich nicht sagen, daß sich meine Einstellung der Polizei gegenüber verändert hat, seit mein Bruder Polizist geworden ist; vorher hatte ich nämlich nahezu keine Einstellung zur Polizei. Das lag zum einen an meinem Alter, zum anderen daran, daß ich nie Kontakt zur Polizei hatte.

Trotzdem glaube ich zu wissen, welche Einstellung ich jetzt hätte, wenn Conny kein Polizist wäre: Für mich ist Polizei keine unpersönliche Institution. Polizei – das sind viele einzelne Polizisten; darunter viele Connys mit vielen menschlichen Eigenschaften wie du und ich sie auch haben. Menschen, die nicht nur starke, sondern auch ihre schwachen Seiten haben – hübschen Frauen zerreißt man schon mal einen Strafzettel. Junge Männer, die sich zur Zeit ihrer Berufsentscheidung zu wenig oder keine Gedanken gemacht haben, z. B. über Einsätze bei Demos. Die sich von dem Klischee Polizist fangen ließen: Verbrecher jagen, mit Blaulicht fahren, schießen, Verbrechen aufklären. Sicherlich sind viele später enttäuscht. Sehr viel Routinearbeit, Papierkram; die Einsicht, daß man ständig seinen Kopf für andere hinhält und immer von irgendeiner Seite beschimpft wird. Man fängt Autodiebe, Einbrecher etc. – oft unter Lebensgefahr – und Stunden später sind sie wieder auf freiem Fuß, um oft gleich wieder beim nächsten ›Bruch‹ ertappt zu werden. Dann: Reiche Autofahrer, die sich weigern, Strafanzeigen zu begleichen und deren Anwälte vor Gericht die Fähigkeiten der Polizisten anzweifeln. Richter, die diesen Anwälten Recht geben und die Polizei alleine lassen. Und auch von den Politikern fühlen sie sich oft im Stich gelassen, was z. B. Bezahlung und Stellen angeht.

Ich glaube, ich kann mehr Verständnis aufbringen für falsche Reaktionen von Polizisten, weil ich sie eben verstehe, weil ich weiß, daß mein Bruder im Normalfall anders ist, anders reagiert.

Manchmal ist zu hören, Polizisten hätten Vorurteile z. B. Ausländern oder sozial Schwachen gegenüber. Dazu läßt sich sagen, Polizisten haben ja nie mit den ›guten Ausländern‹ zu tun. Nur mit den anderen schwarzen Schafen, die über ihre Rechte sehr gut Bescheid wissen und die Polizisten ganz schön zur Raserei bringen können. Was die Abneigung Demonstranten gegenüber angeht: Polizisten müssen ja für ›Ruhe und Ordnung sorgen und Eigentum schützen‹. Wackersdorf ist für viele ein Problem; für die Polizisten, die dagegen sind sowieso. Aber auch für die anderen, die sich nicht so sicher sind; welcher von ihnen hat vor Jahren an so etwas wie Wackersdorf gedacht?

Sogar wenn ein Polizist jemanden zu Unrecht

erschießt, habe ich in vielen Fällen Verständnis. Sie sind eben auch nur Menschen und haben Nerven.

Zwei Beispiele, in München passiert, zeigen wie sich wohl viele Polizisten ihren Beruf wünschen würden: Es ist Nacht, zwei Kinder sind allein in der Wohnung, die Eltern sind weg. Die Kinder rufen die Polizei. Zwei Polizisten kommen und spielen mit den Kindern bis die Eltern zurück sind.

Vor einer Kneipe ein leicht angetrunkener Mann, der mit seinem Auto heimfahren will. Die Polizisten halten ihn ab; er beteuert er würde ja nur um die Ecke wohnen. Ein Polizist setzt sich ans Steuer und fährt ihn heim, quer durch ganz München, der andere Polizist hinterher!

Natürlich erwarten sie auch harte Einsätze, aber Schlägereien schlichten oder Einsätze in Wackersdorf sind vielen ein Greuel. Ich weiß, daß es auch andere Polizisten gibt, die Gefallen am Schlagen etc. finden, aber die sind die Ausnahme. Überstunden, Unterbezahlung, Schichtdienst, und auch die schwachen Jahrgänge sind Ursache dafür, daß nicht mehr so ausgewählt werden kann wie in früheren Jahren.

Fazit: Für mich ist der Polizist immer noch der freundliche Beamte, der einem hilft, wenn man ihn braucht.«
Christa Köhler, 33, Lehrerin, Weiden (Opf.)

»Wenn wir nicht da wären,
würde alles zusammenbrechen«

»Manche werden doch nachdenklicher«

Erich Dier, 45, ist Polizeihauptkommissar und Dienstgruppenleiter in Pfaffenhofen (Ilm), Bayern.

Meine Eltern sind gestorben und ich war mit 18 praktisch alleine. Meine Geschwister haben mich dann nach München geholt. Dort wurde ich zur Bundeswehr eingezogen. Meine Schwester hat gesagt: »Machs doch einfach, geh zur Polizei.« Im November 1961 bin ich hingegangen und es hat mir gut gefallen. Ich habe unten angefangen und mich durch eigene Leistung hochgearbeitet. 1975 bin ich in den gehobenen Dienst gekommen, war tätig in Fürth, Neuburg, Schrobenhausen und nun in Pfaffenhofen. Ich hab also schon Einblick in verschiedene Bereiche. Dienstgruppenleiter bin ich seit 1974.

›Kritischer Polizist‹ bin ich geworden, weil man sich rühren muß. Tschernobyl war für mich komischerweise der Auslöser, es waren aber schon vorher einige Sachen, die mich stutzig gemacht haben. Gegen Wackersdorf bin ich seit Tschernobyl. Dann hab ich die kritischen Kommentare in dem Buch »Kernenergie« gelesen; das ist in der Schriftenreihe des Deutschen Museums München erschienen, herausgegeben von einer Frau. Als die Frau daraufhin versetzt wurde, hab ich mich etwas umgeschaut und festgestellt, daß viele Leute berufliche Schwierigkeiten haben, wenn sie aus Gewissensgründen für eine bestimmte Sache eintreten. Ich hab darüber eine ganze Sammlung von Artikeln. So, hab ich mir gedacht, jetzt krieg ich auch Schwierigkeiten, jetzt reichts. Ich kämpfe auch für unsere Gesundheit. Den Schmarrn, den unsere Regierung nach Tschernobyl gesagt hat, nein, hab ich mir gesagt, die tricksen uns aus. Dann hab ich angefangen, nach Wackersdorf zu fahren. Dort hab ich geschaut, wo und wer sind die Chaoten? Und ich hab gesehn, die meisten sind gar keine

Chaoten, die denken sich was dabei und haben recht, daß sie sich rühren. Dann hab ich gesehn, daß die Einheimischen sich wehren. Die haben angefangen. Die Fremden haben sich mit ihnen verbündet. Man hätte nicht Hundertschaften von Polizei herschicken sollen, sondern jeden Tag Politiker, die die einheimische Bevölkerung von diesem Projekt überzeugen. Wenn sie sie nicht überzeugen können, müssen sie sich was anderes ausdenken. Wenn sie die Wiederaufbereitungsanlage zwischen Pullach und Grünwald bauen, dort wo die Großkopferten wohnen, glaub ich auch, daß es nicht gefährlich ist.

Bei einer Podiumsdiskussion im Pschorr-Keller in München hab ich dem Herrn Gauweiler widersprochen: Nicht die Vermummten sind eine Gefahr für die Demokratie, sondern die korrupten Politiker. Für schlechte Politiker halt ich meinen Kopf nicht hin. Die Autonomen sind zwar gefährlich, aber keine Gefahr für die Demokratie, mit den paar Hanseln werden wir doch leicht fertig. Das ist doch nur ein polizeitaktisches Problem.

Im bayerischen Beamtengesetz steht, daß der Beamte sich politisch in der Öffentlichkeit zurückhalten muß. Vielleicht haben wir ›kritischen Polizisten‹ dagegen verstoßen. Aber bis jetzt hab ich noch von keiner offiziellen Reaktion gehört. Das verwirrt mich, denn ich weiß nicht, was hier gespielt wird. Keiner von uns kritischen Polizisten hat bisher von denen was gehört. Wahrscheinlich sagen sie sich: die schweigen wir tot. So was wie uns, seit einem Jahr, das gab es noch nie!

Frotzeleien von Seiten der Kollegen gab's viele, Feindseligkeiten aber keine. Mit meinem Dienstgrad tu ich mich leichter. Unter vier Augen haben mir viele Kollegen gesagt: ich denke wie du – aber versteh mich... Ich hätts vor 20 Jahren auch nicht gemacht. Wenn sich einer stark engagiert, dessen Karriere ist gelaufen. Aber ich bereue diesen Schritt nicht. Wenn ich mich so umschaue, ist alles schlimmer geworden in letzter Zeit. Es reicht, es reicht. Es wird Zeit, daß die Polizei auch mal aufsteht; wir sind glaub ich, die letzte Berufsgruppe. Klar, daß wir wenig zerreißen, aber es ist gut, daß wir da sind. Manche werden doch nachdenklicher.

Ich wohn auf dem Land und die Leute wissen nichts, kümmern sich um nichts, das ist erschreckend. Aber ich möchte was tun, ich möchte mir in 20 Jahren sagen können, ich habs versucht, ich wollt was ändern. Ich mach's aus Sorge um die Demokratie. Denken Sie nur an die Gauner in der Parteispendenaffäre. Ein einziger Mann hat das aufgedeckt: Steueramtmann Klaus Förster aus St. Augustin bei Bonn. Der hat Courage gehabt. Alle Achtung. Oder die neunzehn Richter, die bei der Mutlangen-Blokkade dabei waren. Ich sag Ihnen, wenn wir lauter solche Leute gehabt hätten, wäre es nie zum Dritten Reich gekommen. Das sind Beamte, denen müßte man einen Verdienstorden geben. Mit solchen Beamten ist die Demokratie nicht gefährdet.

(1989 wurde Erich Dier in den vorzeitigen Ruhestand versetzt. Seine Vorgesetzten meinten, er sei, so Dier, »plötzlich für nichts mehr geeignet«.)

»Ich kann nicht im Büro sitzen«

Manfred Hohmann, 28, ist Polizeiobermeister in Köln-Longerich.

Nach Schulabschluß, mit 17 Jahren, war 'ne Aktion mit Einstellungsberatern, die einzelne Haushalte aufgesucht haben, da war auch mein Haushalt dabei. Mein Großvater war auch bei der Polizei gewesen, so hatte der mich schon ein bißchen vorgeimpft. Tja, dann hab ich die Einstellungsprüfung gemacht, bestanden und so bin ich zur Polizei gekommen.

Die Ausbildungszeit hab ich im Großen und Ganzen positiv erlebt. Mein Beruf gefällt mir auch. Ich bin sehr gern unter Leuten, ein sehr wichtiger Punkt bei mir und ich bin gerne draußen. Ich kann nicht im Büro sitzen. Nebenbei kann ich meinen Beruf mit meinem Hobby verbinden: Motorradfahren. Ich bin Kradfahrer, ausschließlich. Dabei mache ich das gleiche wie viele meiner Kollegen: Verkehrsüberwachung, Unfallbrennpunktüberwachung, Verkehrsaufklärung. Die einzige Kritik die ich anbringen kann, die Bezahlung. Die Überstundenvergütung ist schon ein bißchen schwach.

Auf Demonstrationen bin ich bisher nur dienstlich gewesen und die hab ich größtenteils positiv erlebt. Einzig in Brokdorf mal nicht. Aber sonst sind die Großdemonstrationen alle friedlich verlaufen. Man konnte sich auch mit den Leuten verständigen. Hab mich also gewundert, ich war mit 'ner ganz anderen Einstellung hingegangen, glaubte das man mit den Leuten nicht reden kann, daß sie negativ eingestellt sind. Aber viele Leute haben das Gespräch gesucht, also ich war positiv überrascht.

Wenn das verschärfte Vermummungsverbot kommt, gibts auch wieder Eskalationen. Das Ganze wird verschärft, die Reaktionen werden auch verschärft. Ich sag mir grundsätzlich: Wer demonstrieren kann, der kann das auch ohne Vermummung, weil er in der Regel für seine Überzeugung demonstriert. Dann vermumm' ich mich nicht, das brauch ich nicht.

Das gibts ja auch, daß Kollegen die gegen bestimmte Großprojekte sind, dort eingesetzt werden und in Konflikte geraten. Aber anders ist es nun mal nicht möglich. Man kann seine Meinung äußern und sich auch in gewisser Weise mit den anderen Demonstranten solidarisch zeigen. Man ist nun mal an die Verfassung, an das Grundgesetz gebunden und hat also die Verpflichtung, auch leider gegen seine Überzeugung, im Dienst, das Großprojekt zu verteidigen. Wenn man jetzt privat dabei ist, ist das 'ne ganz andere Sache. Da entsteht dann natürlich manchmal ein Zwiespalt, man fragt sich auch, ob das denn richtig ist, aber, man weiß es vorher. Mehr kann ich dazu nicht sagen.

Der Mensch hinter der Uniform ist grundsätzlich ein Mensch wie jeder andere auch. Manche Mitbürger meinen, das 'ne Uniform ein Statussymbol ist. Da gibts schon Kollegen, die nutzen das aus, die kommen sich mächtiger vor. Die meinen, ein bißchen Macht zu haben, was sie auch tatsächlich haben, in gewisser Weise. Nur nutzen die Kollegen die Macht aus.

Grundsätzlich sollte ein Mensch in Uniform von Mensch zu Mensch reden und er sollte auch ein normaler Mensch bleiben und sich auch in die Lage von anderen Menschen versetzen können. Das ist sehr wichtig. Wenn er das nicht kann, hat das alles keinen Sinn. Nur so 'ne Marionette zu sein oder 'ne Amtsperson, die überhaupt keine Gefühle oder sonstige Regungen zeigt, ja also, das ist das falscheste, was man machen kann.

»Was Bayern und Texas gemeinsam haben«

A. B., ist Grenzpolizist im bayerischen Waidhaus, an der Grenze zur Tschechoslowakei.

Die Grenzpolizei hat neben den Aufgaben der Landpolizei auch den Schutz der Landesgrenzen und die Kontrolle des grenzüberschreitenden Verkehrs wahrzunehmen. Die Grenzpolizei gibt es bloß in Bayern und Texas. Wirklich, das ist so. In Texas gibts die wahrscheinlich wegen der Grenze zu Mexiko, und viele Mexikaner wollen halt illegal in die USA. Ich weiß nicht, was für einen Kontakt die texanischen Grenzpolizisten zu ihren Kollegen in Mexiko haben. Wir hier haben einen sehr guten Kontakt zu unseren CSSR-Kollegen. Die sind sehr freundlich. In Waidhaus haben wir doch den größten Straßengrenzübergang zum Ostblock. Da ist es üblich, daß wir Weihnachten von ihnen eingeladen werden und Neujahr laden dann wir ein. Auf DDR-Seite wär sowas undenkbar. Aber an dieser Grenze gibt es auch keine Minenfelder und Selbstschußanlagen.

An meinem Beruf gefällt mir die unmittelbare Konfrontation mit dem Bürger. Ich bin da nicht mit wirklichkeitsfremden Dingen beschäftigt. Mißfallen? Nichts. Nein, da kann ich nichts sagen. Höchstens, daß wir im Vergleich zur Verwaltung unterdotiert werden. Unsere Tätigkeit müßte besser bezahlt sein. Zum Beispiel wegen des Waffengebrauchs. In einer Notwehrsituation müssen wir vielleicht einmal von der Waffe Gebrauch machen. Hinterher, nehmen wir einmal an, es wäre nicht unbedingt notwendig gewesen, ist die Gesetzgebung ja sehr kompliziert. Wir können da nichts mehr rückgängig machen. Einer in der Verwaltung kann das auf einem Stück Papier revidieren.

Ein Berufsziel habe ich schon noch. Ich möchte Dienststellenleiter werden, um meine Vorstellungen durchzusetzen. Strafvollzug muß sein, da gibts keine Zweifel, aber

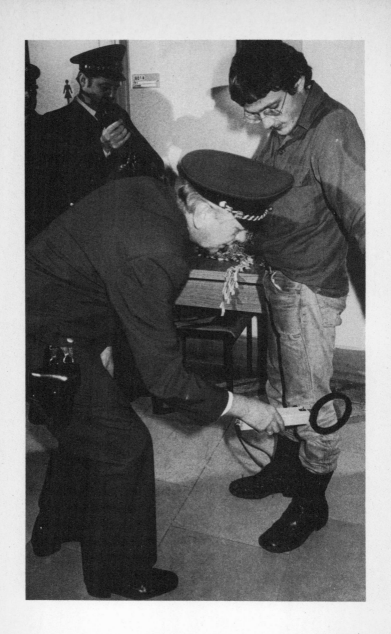

mein Ziel ist die Vorbeugung. Das ist sinnvoller. Parksündern aufzulauern darf nicht die vordringliche Aufgabe der Polizei sein. Ich muß nicht gleich die defekten Rücklichter eines Traktors mit Strafzettel belegen. Ich bin da für mehr Großzügigkeit und finde, es genügt eine Mängelanzeige. Umgekehrt, wenn ich dann einen Hinweis vom Bauern brauch, krieg ich den auch leichter.

Ich glaube schon, daß die Polizei für Fehler der Politiker mißbraucht wird. Zum Beispiel fand ich es nicht richtig, daß die österreichischen Demonstranten gegen Wackersdorf an der Grenze zurückgewiesen worden sind. Für uns Polizeibeamte wird die Arbeit in Zukunft immer schwieriger. Die freie Entfaltung des Einzelnen wird heute mehr und mehr ohne Rücksicht auf Gesetzesrahmen durchgesetzt. Bei Kontrollen zum Beispiel sind die Leute schnell mit beleidigenden Äußerungen.

»Eine sichere Existenz«

W. K., 34, Polizeiobermeister bei der Grenzpolizei in Waidhaus, Bayern.

Den Hauptanstoß, daß ich zur Polizei gegangen bin, haben meine Eltern gegeben. Wir haben daheim eine Kfz-Werkstatt, die hätt ich übernehmen können und auch wollen, aber meine Eltern haben gesagt: »Bub, geh lieber zum Staat, da hast' a sichere Existenz.« Zur Grenzpolizei bin ich, weil ich von Waidhaus abstamme und ich gern hier bleiben möchte. In meinem Dienst mache ich hauptsächlich Paßkontrollen.

Ich bin zufrieden, daß ich hier in Waidhaus bin. Am gehobenen Dienst hab ich kein Interesse. Da müßt ich für längere Zeit von hier weg. Das möcht ich nicht. Mir gefällts hier.

Ich glaub' nicht, daß die Polizei ein Feindbild darstellt. Natürlich, wenn man an Wackersdorf denkt und an die Berliner Polizisten, die sind ein bisserl hart vorgegangen. Man muß nicht gleich den Schlagstock einsetzen, man sollte es erst mit Gesprächen probieren. Ich war auch schon bei Einsätzen, aber privat halt ich mich fern davon. Wir dürfen ja nicht demonstrieren. Das könnte jedenfalls dienstliche Nachteile haben. Das kommt darauf an, was man für einen Chef hat. Nach Wackersdorf würde ich nicht gehen, weil ich meinen Kollegen keine Schwierigkeiten machen will. Die wollen ja auch, daß es ruhig ist.

Ich bin schon für eine Verschärfung des Vermummungsverbots. Jeder soll sich öffentlich zu seiner Meinung bekennen. Vermummung sollte schon bestraft werden; es sind ja meist die Vermummten, die dann straffällig werden. Vielleicht vermummen sie sich dann nicht mehr, wenn es mit Strafe bedroht ist.

Uns geht es gut, meiner Meinung nach. Jeder kann gut

leben. Deshalb seh ich die Zukunft nicht pessimistisch. Ich bin für den Umweltschutz, hab mir selbst letztes Jahr ein Katalysatorautor gekauft. Ich glaub schon, daß das besser wird in Zukunft.

Ein Gegner der WAA bin ich nicht. Obwohl diese natürlich mit Risiken verbunden ist. Aber irgendwie muß der Energiebedarf gedeckt werden.

»Ich war immer ein kritischer Mensch«

Bernward Boden, 34, ist Polizeiobermeister in Köln.

In Uniform gehe ich aufrechter, sonst gehe ich schlaksiger. Die Sprache verändert sich und meine Frau meint, ich würde dann strenger gucken und weniger lachen.

Ich erinnere mich noch an die Zeit in der Bereitschaftspolizei. Da merkte ich so recht, daß ich nicht so locker war, wie ich in vertrauter Umgebung gewesen wäre. Einen »Uniformstolz« gab es nur in der Ausbildungszeit. Wie der zustande kommt, habe ich noch nicht analysiert. Irgendwie waren in den ersten Wochen die Kollegen – und ich leider auch – stolz darauf, in Uniform nach Hause fahren zu können. Ich steh auch letztlich dazu, denn meine Berufswünsche waren durchaus geprägt von der Vorstellung, einmal ein »Schutzmann« zu werden, wie die Leute gutmütig von dem Polizist an der Ecke sprechen in unserer Gegend. Da ist aber der Polizist gemeint, der einem mit Rat zur Seite steht, der sich auskennt, auf den man sich verlassen kann, wenn man/frau mal Hilfe braucht.

Einmal wurden wir zu einem schweren Verkehrsunfall gerufen. Eine junge Frau wurde dabei schwer verletzt. Während der Kollege wegging, um die Sanitäter zu verständigen, saß ich mit ihr allein im Graben und hielt sie in den Armen. Ich hab versucht, beruhigend auf sie einzureden; ich weiß gar nicht, ob sie mich verstanden hat; sie ist dann später im Krankenhaus gestorben.

Ein anderes Erlebnis: ich war jung, gerade ein paar Wochen auf der Wache, da haben meine Kollegen ein ziemlich heruntergekommenes Mädchen mitgebracht. Die wurde zuerst einmal auf den Boden geschmissen, dann ein Eimer Wasser über dem Kopf ausgekippt, ein Tritt in den Hintern mit den entsprechenden Bemerkungen. Und ich habe nichts gemacht. Ich hab zwar gemault, aber ich habe nichts gemacht. Das werde ich mir nie verzeihen.

Ich komme aus einer katholischen, konservativen Familie. Von daher bin ich ein bißchen geprägt, denn mein Großvater war im Dritten Reich im Katholischen Widerstand. Ich war dann im Internat, wo ich wieder streng erzogen wurde. Kriegsdienst kam für meine Familie überhaupt nicht in Frage, darum bin ich 1973 als »Ersatz« in den Polizeidienst eingetreten.

Es war aber durchaus nicht nur ein Ersatzdienst. Vielmehr gehöre ich zu den idealistischen Menschen, die unsere Verfassung als freiheitlich und damit schützenswert empfinden. In meinen jungen Jahren vor der Einstellung konnte ich aber noch nicht aus eigener Erfahrung zwischen Verfassungstheorie und -wirklichkeit unterscheiden. Das kann ich erst, seit ich eigene politische Gedanken entwikkele.

Die Ausbildung bei der Polizei war erneut autoritär. Die haben meine Autoritätsgewohnheiten total ausgenutzt. Sie haben mich auch als Handlanger der Autorität mißbraucht. Ich kann die Situation der jungen Kollegen/innen, die in der Ausbildung sind durchaus gut nachempfinden. Man spürt, daß mit einem ein autoritäres Spiel getrieben wird, kann sich aber nicht richtig wehren. Man möchte nicht großkotzig auftreten und durchaus auch dazulernen. Heute, Jahre danach, sitze ich weit weg von den Situationen, in denen autoritäres Gehabe geschickt hinter Ausbildungsstrategien versteckt wird. Verfassungsdenken wird nur im Zusammenhang mit einschränkenden polizeilichen/ staatlichen Maßnahmen gefördert. Es wird zwar vorgegeben, diese Einschränkungen dienten dem Schutz sogenannter Sicherheitsgüter des Einzelnen. Aber die Entwicklung in den letzten Jahren zeigt mir, daß das Eigentumsrecht im Vordergrund steht. Es sollte aber nicht über das Recht auf

Menschenwürde gestellt werden. Dazu gehören die Arbeitnehmerrechte ebenso wie der menschenwürdige Umgang des Staates mit der Gesundheit und dem Leben der Bevölkerung. Ich weiß nicht, ob ich angstfrei wäre, wenn ich kein Polizist wäre, da ich in theoretischer Hinsicht gelernt habe, mit der Verfassung umzugehen.

Nach den Morden an zwei Polizisten an der Startbahn West war mir sofort klar, daß die Scharfmacher in der Bundesregierung und auch in rechten Polizeikreisen nun genau das passende Argument, den passenden Moment gefunden hatten, die Freiheitsrechte einzuschränken. Das paßte genau in deren Konzept, weshalb ich auch gleich so meine Überlegungen angestellt habe in Richtung Celle, Hannover usw. Außerdem war damit die Diskussion um die Barschel-Affäre plötzlich überlagert. Ich bin zu der Trauerfeier nach Frankfurt gefahren und hab richtig teilgenommen, innerlich.

Für eine Verschärfung des Vermummungsverbotes bin ich nicht, das lenkt nur ab. Außerdem, was soll da verschärft werden? Die Vermummten in den Chefetagen werden ja auch nicht deshalb nicht bestraft, weil da keine Transparenz in die Mauscheleien in Hanau, Mol und z. B. in den Waffengeschäften von Kiel und anderswo gebracht wird. Es ist für mich zwar kein Thema, selber vermummt zu protestieren – sonst würde ich ja auch nicht so offen an diesem Gespräch teilnehmen –, aber angesichts der guten Zusammenarbeit zwischen Spezialkommissariaten der Polizei und den Geheimdiensten verstehe ich durchaus die Ängste der jungen Protestler. Also, wie gesagt. Ich sag meine Meinung offen, protestiere und demonstriere offen. Aber die Folgen sind mir klar: 'ne dicke Akte irgendwo auf einem Schreibtisch oder in einem Videoschrank. Das geht mir nicht anders als anderen, die politisch denken und handeln. Für mich persönlich gilt: solange die Einsätze friedlich verlaufen, kann ich den Auftrag wahrnehmen. Bei staatlich rechtswidrigen Einsätzen würde ich nicht mehr mitmachen. Rechtswidrig ist, wenn unschuldige Menschenleben gefährdet werden. Zum Beispiel weiß man, daß CS-Gas zu panischen Zuständen führen kann, mit unabsehbaren Folgen.

Die Begründung der Regierung zum strafbewehrten Vermummungsverbot (ordnungswidrig ist das ja schon lange) geht ja in Richtung des sogenannten »schwarzen Blocks«, aus dem Straftaten begangen sein sollen und z. B. in Frankfurt auch wurden. Aber auch Uniformierung bei Demonstrationen war ja schon lange verboten. Das gefährliche Spiel mit dem strafbewehrten Vermummungsverbot kann dazu führen, daß eines Tages – je nach politischer Lage eines Bundeslandes – friedliche Demonstrationen aufgelöst werden, weil »aus ihr Straftaten begangen werden«, d. h. weil einzelne sich vermummen. Und da muß die Polizei laut Paragraph 163 der Strafprozeßordnung einschreiten, denn es gilt Strafverfolgungspflicht. Das ist keine Ermessensentscheidung, wie bei Ordnungswidrigkeiten. Deshalb bin ich gegen die Strafbewehrung.

Über die WAA Wackersdorf denkt man auch in Köln nach. Ich finde die ganze Sache, naja, ich würde es mit verfassungsfeindlichen Bestrebungen bezeichnen, was in Schwandorf z. B. mit dem Landrat Schuierer passiert ist. Ich finde es ja interessant, daß verfassungsfeindliche Bestrebungen einer Mehrheitspartei oder aus einer Mehrheitspartei oder aus wirtschaftlich starken Kreisen nicht der Überwachung durch den Verfassungsschutz unterliegen. Da stimmt etwas nicht mehr im Lande. Ich bin gegen die WAA und für den Ausstieg aus der Atomenergie.

Ob wir verheizt werden? Ich mag das Wort nicht. Das ist schon belegt. Im Endeffekt, läuft es aber darauf hinaus, daß Polizisten letztlich die Suppe auslöffeln. Und zwar die

Jungen, die noch im Probeverhältnis stehen. Gegen uns fliegen nämlich die Steine, Schleudern und die Beschimpfungen. Dabei gibt es in jedem Staat Polizei, und in unserer Verfassungsordnung ist die Polizei letztlich parlamentarisch kontrolliert. Der Wähler könnte die Polizei ändern, die von mächtigen Bossen gesteuert wird. Doch bei Wahlen spielen andere Dinge eine Rolle. Da sitzt uns Deutschen das Hemd näher als die große Politik. Insofern sind wir Polizisten nicht besser oder schlechter als die Mehrheit der Bevölkerung. Und da hilft nur kontinuierliche Evolution. Ich bin sowieso gegen Gewalt. Steine sind keine Argumente und Staatsgewalt ist auch kein Argument.

Ich war immer ein kritischer Mensch. Ich bin in der Friedensbewegung, im ökomenischen Arbeitskreis und möchte die christliche Haltung auch im Dienst vertreten. Für mich ist der liebe Gott mehr Wert als der Staat. Ich möchte Kraft aus der Handlungsweise von Jesus ziehen. Das klingt etwas schnulzig, es ist aber so. Auch wenn ich zugeben muß, daß ich mit der katholischen Amtskirche meine Schwierigkeiten hatte und ausgetreten bin. Ich gehöre nicht zu den süßlichen Heiligenbildchen-Anbetern. Da ist meiner Meinung nach viel Unehrlichkeit gegen sich selbst dabei. Da werden Menschen zu Attrappen.

Ich habe mich immer öffentlich geäußert, meine Meinung vertreten, Leserbriefe geschrieben usw. Ich glaube auch, daß es notwendig ist, rechtzeitig zu bremsen, wenn man sieht, daß Kriminalisierung von Leuten, die ihre Grundrechte wahrnehmen, Einschüchterung, Bestechlichkeit, Verlust von Ethik, Machtstreben um sich greifen.

Ich bin eigentlich optimistisch, ich glaube, das hat mit dem lieben Gott zu tun. Seine Wege sind anders, als wir uns das vorstellen. Zur Not läßt er auch mal ein AKW hochgehen, wenn es auch für uns unverständlich ist. Ich habe auch insofern Optimismus, weil ich sehe, wie Menschen sich ändern. Es ist nichts zu befürchten, solange es noch Menschen gibt, die das Maul aufreißen.

Die Angst vor dem Tod ist oft der nicht erkannte Antrieb für Zukunftsängste. Man muß diese Ängste erkennen und nicht resignieren, sondern sie umsetzen zu praktischem Handeln. Vielleicht habe ich unbewußt vom Außendienst in den Innendienst gewechselt, damit ich nicht in einen Gewissenskonflikt gerate. Ich habe meine Waffe in den Schrank gelegt.

»Handschlag selbst bei Kontrollen«

Uwe H., 29, ist Obermeister bei der Wasserschutzpolizei in
Bonn.

Helfen hat mir immer sehr viel Spaß gemacht. Wenn zum
Beispiel so 'ne alte Oma auf die Wache kam und sagte:
»Mein Mann ist weg, er ist senil und findet nicht nach
Hause.« Das waren die Aufgaben die ich sehr gerne
gemacht habe. Nicht so toll ist der Umgang mit Betrunke-
nen, mit den sogenannten Pennern, mit Gewalttätigen oder
Geisteskranken. Aber das läßt sich nicht vermeiden.

Gewalttätige Demonstrationen hab ich dienstlich noch
nicht miterlebt. Es kam nie zu größeren Ausschreitungen,
wie man das im Fernsehen sieht, in Wackersdorf. Privat bin
ich hier in Bonn immer wieder mit Demos konfrontiert
oder gehe auch hin. Bei einer mußte ich mich dann doch
entfernen, denn da gings plötzlich hoch her, das war beim
Weltwirtschaftsgipfel, glaube ich. Im Prinzip ist es ja auch
die Aufgabe der Politiker, sich mit allen Bevölkerungskrei-
sen und gerade mit den Gegnern auseinanderzusetzen, das
Ganze durchzudiskutieren und das auch so gründlich und
intensiv zu machen, daß solche Aktionen nicht mehr stattfinden können. Auf keinen Fall Gewalttätige. Man muß
sicher auch berücksichtigen, daß die Gewalt da nur von
wenigen betrieben wird. Wenn man z. B. gegen Kernkraftwerke ist, kann man sicherlich ganz normal demonstrieren,
zu Ausschreitungen muß es nicht kommen. Das ist ja
gerade das, was die Polizei bekämpfen soll. Wenns da hoch
hergeht, dann helfen auch die Politiker nichts mehr. Gegen
den schwarzen Block, den es öfter auf Demos gibt, gegen
Skinheads oder irgendwelchen Krawallmachern kann
sicher auch kein Politiker an. Da ist dann die Polizei wohl
oder übel gefordert. Ich glaube schon, daß die Polizei so
manches Mal eingesetzt wird, um einen einmal gefällten

Beschluß zumindest zu unterstützen, ohne daß ihn die Politiker abändern oder überdenken wollen. Das wird dann halt so durchgesetzt, egal was eine nennenswerte Gruppe der Bevölkerung sagt.

Ein Bereich, in dem ich große Probleme auf die Polizei zukommen sehe, ist die »Verrechtlichung«. Zum Beispiel die Polizeigesetze. Ich hab noch das alte Polizeigesetz kennengelernt. Das war noch nicht so ausdifferenziert wie jetzt. Und selbst das Neue muß schon erweitert werden. Also wenn heute ein Polizist jemanden dumm anspricht, kriegt der Kollege mit Sicherheit seine Quittung. Allerdings sträuben sich die Leute auch gegen Sachen, die vollkommen rechtmäßig sind. Gerade in Bonn hier, Diplomaten, Regierungsbeamte oder sogenannte Intellektuelle. Da wird herumgeredet, ohne einzusehen, daß sie im Grunde ja doch schuld sind. Meinetwegen bei einem kleinen Verkehrsverstoß. Das ist 'ne Entwicklung, die das Polizistenleben mit Sicherheit schwieriger machen wird.

In Rechtsfragen muß man sich als Polizist doch sehr umstellen. Zuviel Datenschutz kann zum Beispiel in manchen Bereichen dazu führen, daß die Kriminalität sich gut ausbreiten kann. Zum Beispiel in der organisierten Kriminalität oder der Wirtschafts- und Umweltkriminalität. Da sitzen dann die Täter in weißen Kragen da und haben gleich mehrere Rechtsanwälte um sich herum. Da ist mit einer polizeilichen Ermittlung nicht mehr viel drin, vor allem, wenn man nicht einmal auf Informationen anderer Behörden zurückgreifen kann. Es bedurfte zum Beispiel eines Erlasses des zuständigen Innenministers, um die Zusammenarbeit der städtischen Ordnungsbehörden mit der Polizei bei der Verfolgung von Umweltvergehen sicherzustellen.

Die Abteilung Schutzpolizei der Wasserschutzpolizei Nordrhein-Westfalens beschäftigt sich vor allem mit

Umweltverstößen, die in der Schiffahrt ihren Ursprung haben. Um alle Gewässerverunreinigungen, die von Land aus geschehen, kümmert sich unsere Kriminalpolizei. Die Entnahme von Wasserproben und die oft schwierige Ermittlung des Verursachers einer nicht genehmigten Verunreinigung gehört ebenso zu unserem »täglichen Brot«, wie die Kontrolle der Schiffe in Bezug auf ihre Ausrüstung, Bemannung und Beladung. Hauptsächlich geht es um die Überprüfung der Beförderung von sogenannten »gefährlichen Gütern«. Ein Tankschiff kann z. B. bis zu 3.000 Tonnen Benzin, Öl, Gas oder Säurelaugen transportieren. Wenn dann einmal ein Unglück passiert, kann man sich leicht ausrechnen, wie groß der Schaden im Verhältnis zu einem Lkw-Unfall mit vielleicht 30 Tonnen Ladung sein kann.

Trotz der in der Schiffahrt viel häufigeren Kontrollen als z. B. im Straßenverkehr, herrscht zwischen den Schiffen und den Beamten in der Regel ein freundlicher Ton. Nach meinem Wechsel zu dieser Dienststelle fiel mir sehr bald die gegenseitige Begrüßung mit Handschlag selbst bei einer Schiffskontrolle positiv auf. Erst nach einer kurzen Unterhaltung über allgemeine Themen der Schiffahrt findet die Kontrolle statt, die dann aber auch gründlich und konsequent durchgeführt wird.

Meine Arbeit ist sehr interessant und macht mir natürlich auch viel Spaß, wenn sich auch Negatives – wie in jedem anderen Beruf auch – finden läßt. Zu den unschönsten Aufgaben gehört die Bergung von Wasserleichen. Das ist kein schöner Anblick, kommt aber auch nicht täglich vor. Ein weiterer Nachteil ist, daß man bis zur Pensionierung mit 60 Jahren im Früh-, Spät- oder Nachtdienst auf dem Boot herumspringen muß, weil es für die Älteren kaum Stellen im Innendienst gibt.

»Wenn wir nicht da wären, würde alles zusammenbrechen«

Der Polizeikommissar Rolf Krämer, 32, ist Dienstgruppenleiter an einem Wiesbadener Revier.

Ich bin ein leidenschaftlicher Hobbyfotograph, das ist wahrscheinlich das Erbe meines Vaters. Ich sammle ausländische Polizeidienstmützen und Ärmelabzeichen. Ich stehe in ständigem Tausch- und Briefkontakt mit ausländischen Kollegen.

Ich bin zur Polizei gegangen, weil mich der Beruf schon immer interessiert hat. Ich hatte damals den Realschulabschluß gemacht. Mein Vater war Fotojournalist bei einer Zeitung und hatte durch seine Arbeit Verbindungen zur Polizei. Ich bin öfter mit ihm mitgefahren, ja, und so kam ich zur Polizei. Es war mein Wunschberuf. Mir gefällt daran der Umgang mit Menschen, das Abwechslungsreiche und überhaupt das ganze Tätigkeitsfeld. Wenn ich damals den Eignungstest nicht bestanden hätte, hätte ich keine Alternative gewußt

Wir werden mit so vielen verschiedenen Dingen konfrontiert, wie das in kaum einem anderen Beruf möglich ist. Gerade hier in der Stadt. Auch die Arbeit im Team macht mir viel Spaß. Was mir mißfällt, sind die Lappalien, denen wir Schutzpolizisten nachsteigen müssen, wie z. B. Parksündern, obwohl dies eigentlich nicht allein unsere Aufgabe ist. Aber wenn wir nicht da wären, würde alles zusammenbrechen, jeder würde sein Auto etwa abstellen, wo er gerade möchte. Wir spielen sozusagen die Feuerwehr. Die Kriminalpolizei kann sich nach außen besser verkaufen. Wir machen mehr die Drecksarbeit. Ein Kapitalverbrechen und dessen Aufklärung berührt die Bevölkerung mehr als ein Verkehrsunfall; das ist nur ein Massendelikt, das interessiert keinen. Was mir auch nicht so gut gefällt, ist, daß durch die Anonymität der Stadt sich viele Leute auf die Polizei beziehen, bei allen möglichen und unmöglichen Kleinigkeiten. Auf dem Land sind die Leute viel selbständiger in der Hinsicht. Wir helfen zwar wo wir können, doch unsere Arbeit liegt viel im vorbeugenden Bereich. Man kann sagen, eine gute Repression ist eine gute Prävention. Nehmen wir ein Beispeil: Wenn einer zuviel getrunken hat und er fährt trotzdem mit dem Auto und wird angehalten, so ist das Blasen schon eine Repression. Aber: das Verhindern des Weiterfahrens eines Betrunkenen ist eine Art Prävention.

Das geht auch nicht anders, das ist gesellschaftlich so entstanden, historisch so gewachsen. Wenn jetzt ein Unfall passiert und einer kriegt ein Bußgeld – daran können wir eigentlich nichts ändern, wir sind ja nur das verfolgende Organ des Gesetzes. Wir wehren Gefahren ab und sind Mädchen für alles.

Die Ausbildungszeit bedeutete für mich eine große Umstellung. Wenn man als noch jugendlicher Mensch zur Polizei geht, und in einer Gemeinschaftsunterkunft, weg von daheim, leben soll, dann ist dies schon schwierig. Aber rückblickend sehe ich dies positiv, es hat den Sozialisationsprozeß doch beschleunigt; man wächst dann eher rein, das sind schon prägende Erlebnisse. Man erfährt da Gemeinschaft und lernt sozusagen das Laufen. Es gab auch negative Erlebnisse, wenn man z. B. bei gewalttätigen Auseinandersetzungen eingesetzt wurde. Man versucht im übrigen bei Demonstrationen nicht nur Übergriffe der Demonstranten zu verhindern, sondern auch die Demonstranten vor der übrigen Bevölkerung zu schützen. Alles im Rahmen des Rechts natürlich.

An der Startbahn West habe ich einmal gewalttätige Auseinandersetzungen erlebt, das war, bei der Hüttendorfräumung. Es gab zwar keine schwerwiegenden Verletzungen, aber das war schon irgendwie ein negatives Erlebnis. Das berührt einen doch. Wir standen da in einer doppelten Polizeikette, ich in der zweiten Reihe, plötzlich wurden wir mit Stahlmuttern beschossen. Da fiel auf einmal jeder zehnte in der ersten Reihe um, während über uns die Polizeihubschrauber dröhnten. Da fühlt man sich wirklich in kriegsähnliche Situationen versetzt.

Ich hatte keine inneren Konflikte. Ich hab meinen Dienst zu erfüllen. Ich denke, daß ist eine Sache der Persönlichkeit. Ich muß auch solch schwierige Situationen bewältigen können, meinen dienstlichen Auftrag auch dort erfüllen. Da muß ich meine persönliche Einstellung zurückstellen. Also ich glaube, man muß deswegen keine Dienstverfehlung begehen, da diese sowieso keinen Einfluß auf die Gesamtsituation haben kann. Im übrigen dürfte es überhaupt keine Schwierigkeiten geben, wenn die Demonstration friedlich verläuft. Aber ich könnte mir schon vorstellen, selbst zu demonstrieren. Bei dem Schweigemarsch für die erschossenen Kollegen in Frankfurt wäre ich mit Sicherheit dabeigewesen, wenn ich nicht Nachtdienst gehabt hätte. Ich hab das damals durch die Nachrichten erfahren. Das hat mich momentan in einen schockartigen Zustand versetzt. Ich war richtig konsterniert. Solch eine Stimmung hab ich noch nie gehabt. Das ging mir echt unter die Haut; das trieb mir schon fast die Tränen in die Augen. Und ich hatte das Gefühl, es müßten Konsequenzen gezogen werden. Auf der einen Seite, wie ich mich persönlich in Zukunft verhalte, auf der anderen, was politisch geschieht. Ich dachte mir, jetzt heißt es Farbe bekennen für die Politiker. Wir sind ja mehr oder weniger von politischen Entscheidungen abhängig. Bei mir und meinen Kollegen im Revier griff ein Solidaritätsgefühl um sich. Ich selbst war in einer Trauerstimmung, obwohl ich die erschossenen Kollegen nicht gekannt hatte. Diese Stimmung hielt auch lange an.

Irgendwo ist es natürlich schon unsere Aufgabe, den Kopf für politische Entscheidungen hinzuhalten. Ich bin der Auffassung, daß wir vorsichtig sein sollten mit der Atomkraft. Wenn die Entsorgung nicht gesichert ist, kann man nicht Millionen investieren. Ich hatte auch Studienkollegen, die haben an der Startbahn West gewohnt, die haben heiße Diskussionen darüber geführt. Eine andere Sache ist natürlich die, daß zwar keiner den Fluglärm haben will, andererseits aber Anwohner dort schon vor zehn Jahren ihre Grundstücke gewinnbringend verkauft haben.

Der Polizist ist ein Bürger in Uniform. Ein ganz normaler Bürger, der eben den Beruf des Polizisten gewählt hat. Die Uniform ist die berufstypische Kleidung, ein Arbeitskittel, wie bei jedem anderen auch. Die Uniform soll ein Erkennungszeichen sein und kein Statussymbol, nicht in dem Sinne: Kleider machen Leute. Die Uniform sollte nichts Autoritäres aussagen. Also ich schäme mich nicht, in Uniform irgendwo hinzugehen. Ich freu mich auch immer, wenn ich angesprochen und um Rat gefragt werde.

Meine Frau hat sich gerade nach der Startbahngeschichte, doch ziemliche Sorgen gemacht. Mein Sohn ist stolz, was den Beruf des Vates angeht. Der identifiziert sich mit dem Beruf. Darunter kann er sich was vorstellen, im Gegensatz etwa zum Ingenieurberuf. Meine Freunde akzeptieren es. Man wendet sich mit Problemen an mich, und sei es nur wegen eines Ratschlags, den ich ihnen geben soll.

Am meisten bewegt hat mich die Ermordung meiner Kollegen. Es gibt natürlich vieles, was man als Polizist erlebt, aber das hat mich am meisten berührt. Die täglichen Polizeieinsätze, Unfälle, Verletzte, Verbrechen, relativieren sich durch die Häufigkeit. Das verdrängt man auch, z. B. wenn man einen Toten bergen soll. Man muß immer wieder Distanz dazu bekommen.

»Ein Hauch von Miami Vice«

Stefan Beuschel, 23, ist Hauptwachtmeister in Köln.

Mir gefällt am Polizeiberuf ein bißchen der Hauch von Miami Vice, also das bißchen Abenteuer; dann aber auch die Situationen, in denen man helfen kann. Außerdem will ich sehen, was das Leben so alles bieten kann. Am Schreibtisch oder im Büro kriege ich halt nicht so viel mit. Was mir nicht gefällt ist, daß die Polizei beim Bürger nicht gerade viel Vertrauen genießt. Da kann man wirklich Angst, die bei vielen Bürgern vorherrscht, wegnehmen. Es gibt immer wieder Situationen, wo es unheimlich schwierig ist, den Leuten klarzumachen, warum irgendwelche Maßnahmen ergriffen werden.

Die Polizei – dein Freund und Helfer: Das ist ein Widerspruch. Denn man ist auch dazu da, Straftaten zu verfolgen. Und wenn ich für die Oma, der die Handtasche weggenommen wurde, der Helfer bin, wird sich der Festgenommene bedanken, wenn ich ihm sage: »Junge, ich bin dein Freund und Helfer.« Der Spruch: Die Polizei – dein Freund und Helfer, stammt aus dem Dritten Reich. Der ist in der Zeit geprägt worden.

Ich geh selbstverständlich demonstrieren: bei Ostermärschen, für Frieden und Abrüstung, gegen Apartheid. Aber es ist schon was anderes, ob man mit Helm und Schutzschild dasteht oder mit normaler Uniform. Da entsteht schon eine Kluft. Die Leute gucken einen an oder machen Sprüche: »Ich bin nichts, ich kann nichts, gib mir eine Uniform.« Oder: »Mörder und Faschisten – Deutsche Polizisten.« Gut, das sind komische Leute, die sowas sagen. Aber es ärgert mich doch, mit Faschisten verglichen zu werden. Ich finde es allerdings auch problematisch, wenn ich höre, daß Politiker sagen: »Draußen wird demonstriert, drinnen wird regiert.« Das soll Friedrich Zimmermann gesagt haben, unser ehemaliger Innenminister. Das ist für mich ganz klar ein Mangel an politischer Kultur. Wenn ich an die Gewalttätigkeiten bei Demos denke, ist das mit eine Ursache, weil das Grundrecht des Demonstrierens durch solche Äußerungen entwertet wird. Was bedeutet die freie Meinungsäußerung, wenn man doch nicht ernst genommen wird? Wenn man ernsthaft mit Demonstranten umgehen würde, gäbe es, glaube ich, ein besseres Klima in unserer Gesellschaft.

Nach den Polizistenmorden in Frankfurt habe ich mich gefragt, ob die Rechten mit ihren Forderungen nach schärferen Gesetzen nicht recht hatten. Nach einiger Zeit, durch Überdenken und durch Diskussionen mit Freunden und Kollegen hab ich dann festgestellt, daß mit einer Verschärfung die Probleme nicht beseitigt werden. Es kommt mir so vor, als wollten einige Politiker der Polizei die scharfen Gesetze zusammen mit den Problemen zur Erledigung überlassen. Zu glauben, daß damit die Probleme z. B. an der Startbahn West sich erledigen würden, ist falsch. Es wurden ja auch taktische Fehler begangen, da liefen die Polizisten mit weißen Helmen nachts durch den Wald und gaben eine Zielscheibe ab. Aber mit tausend dunklen Helmen oder mit tausend neuen Wasserwerfern ist das Problem, das Fehlen einer politischen Kultur in einigen verantwortlichen Stellen, nicht gelöst.

Letztes Jahr war ich mal im Bundestag. Da haben wir auch diskutiert mit Vertretern vom Innenministerium, mit dem stellvertretenden Inspekteur der Bereitschaftspolizei der Länder, ein hohes Tier. Wir haben uns auch mit einem der Chefs vom Bundeskriminalamt unterhalten. Jedenfalls hat man merken können, daß die ein bißchen abgehoben sind. Da sind schon deutliche Unterschiede zu dem, was ich draußen mache. Für die war Sicherheit nur ein Wort, eine Statistik, ein paar Zahlen.

Ich würde mir wünschen, daß das Ganze hier ein bißchen ehrlicher gespielt würde. Man muß den Leuten einfach klarmachen, daß die Polizei nicht nur so ein Büttel ist. Wenn in Wackersdorf die Baugenehmigung fehlt, dann muß es heißen: »Stopp hier. Wir warten mit dem Bau.« Das ist das mindeste, was ich von einer Demokratie erwarte.

»Ein Polizist bei den Grünen«

Gerhard Wicke, 44, ist am 1. April 1988 nach 24 Dienstjahren vorzeitig in den Ruhestand versetzt worden.

Ich war bei der Bundesbahn und sollte zur Bundeswehr. Das wollte ich auf keinen Fall. Da hab ich gehört, daß man durch den Polizeidienst von der Wehrpflicht befreit wird. Ich bin dann 1964 zur Polizei gegangen.

1967/68 war ich in Frankfurt bei den Studenten-Demonstrationen eingesetzt und hatte mir damals schon so meine Gedanken gemacht. Damals gab's noch keinen Schutzanzug und Helm, die Ausrüstung an Waffen auf beiden Seiten war nicht so wie heute. Auf eigenen Wunsch bin ich dann nach Kassel in den Ermittlungsdienst versetzt worden. Ich war dort in einen bestimmten Bezirk in Kassel tätig, in dem vor allem Studenten lebten. Das hat meinen Entwicklungsprozeß zum »kritischen Polizisten« vorangetrieben.

1983 besichtigten wir von der Dienststelle aus das Atomkraftwerk Würgassen an der Unterweser. Dort sollten wir von der Kernenergie überzeugt werden. Nun hatte ich mich aber vorher schon über Atomkraft informiert und stellte während der Veranstaltung unangenehme Fragen. Die ganze Sache wurde vorzeitig abgeblasen. Obwohl ich damals noch nichts mit den Grünen im Sinn hatte, wurde ich nun schon von Kollegen politisch in eine bestimmte Ecke gestellt. Erst danach hab ich Veranstaltungen der Grünen besucht. Wenn man schon mit bestimmten Parteien identifiziert wird, muß man sich auch darüber informieren. Ich habe mich immer gleich als Polizist vorgestellt und war erstaunt, wie gelassen die das hingenommen haben. Im November 1983 wurde hier in Vellmar der Ortsverband der Grünen gegründet, dem ich mich angeschlossen habe. Durch die Parteiarbeit sind ab und zu Sachen in die Presse gekommen, auch mit meinen Namen.

Das war unvorstellbar für meine Kollegen: ein Polizist bei den Grünen. Daraufhin steigerten sich die Schwierigkeiten. Immer versteckt. Nie direkt. Ich mußte bei Krankmeldung sofort am ersten Tag ein ärztliches Attest vorlegen, ich wurde während eines Einsatzes abgelöst, mußte dann auch wegen Nichteinhaltung des Dienstweges zum Polizeipräsidenten nach Kassel. Begründungen wurden mir keine gegeben. Meine Kollegen haben mich oft auf indirekte Weise als »grüne Ratte«, »grüne Schmeißfliege« bezeichnet. Es ist auch in meinen Privatbereich rechtswidrig eingegriffen worden, aber das möchte ich nicht näher erzählen.

Vor eineinhalb Jahren wurde ich zur amtsärztlichen Untersuchung meiner Dienstfähigkeit zum Polizeiarzt bestellt, und zwar, weil ich angeblich zuviel krank gewesen sei – so jedenfalls der Leiter der Schutzpolizei. Der Polizeiarzt stellte fest, daß ich diensttauglich bin. Voriges Frühjahr, hatte ich wieder einen sechswöchigen stationären Aufenthalt, ich hatte ein bißchen Probleme mit dem Magen. Als ich zurückkam, hatte sich auf meiner Dienststelle alles verschlimmert. Am Tag danach bin ich sofort zum Nachtdienst eingeteilt worden. Dann wollten sie mich wieder zum Arzt schicken, da hab ich ihnen gesagt, daß ich nichts mehr dagegen hätte, dienstuntauglich geschrieben zu werden. Mit 44 Jahren, seit dem 1. April.

Auf unserer Dienststelle war ich Umweltsachbearbeiter. Das Problem bei der Polizei ist, daß versucht wird, Kollegen, die aus dem üblichen Denken herausfallen, auszusortieren. Die mit Ellbogen, die setzen sich durch. Wie in anderen Bereichen auch.

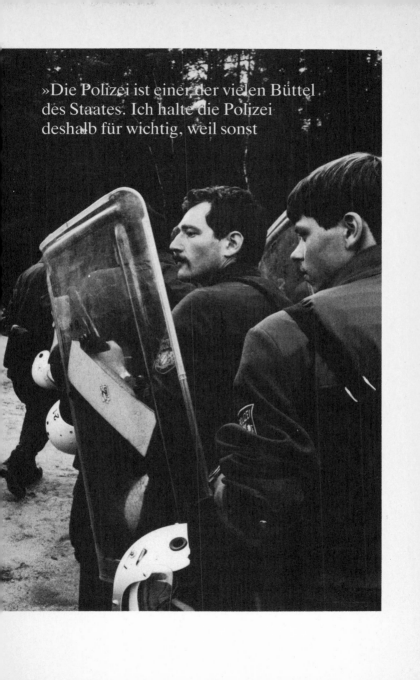

»Die Polizei ist einer der vielen Büttel
des Staates. Ich halte die Polizei
deshalb für wichtig, weil sonst

bei uns – leider – Faustrecht herrschen würde. Daß die Polizei nicht besser ist als die Gesellschaft, das haben wir bei den letzten Korruptionsaffären hier und auch in anderen Ländern erlebt. Man kann vom kleinen Beamten nicht irgendwelche Wundertaten erwarten, wenn unsere politischen Vertreter, einschließlich der Justiz, Anfälle von Korruption zeigen.«
W. Horn, Mitte Dreißig, Frankfurt

»Ich selbst hatte bisher noch kaum mit der Polizei zu tun. Aber mein Mann. Der hat kürzlich das Auto kaputtgefahren. Er ist einem Türken beim Rückwärtsfahren auf dessen Auto draufgeprallt. Die Polizei hat dann den Türken runtergeputzt, obwohl mein Mann schuld war. Also ich finde das ganz schön unverschämt.«
Cornelia Emmerich, 37, Düsseldorf

Rolf Gössner
Der Apparat Polizei

Rolf Gössner geb. 1948, ist Rechtsanwalt und Publizist. Er hat zahlreiche Buch-, Zeitungs-, Zeitschriften- und Rundfunk-Beiträge veröffentlicht; ist Mitautor des Bestsellers »Der Apparat – Ermittlungen in Sachen Polizei", Köln 1982 (aktualisiert 1984) und von »Im Schatten des Rechts – Methoden einer neuen Geheim-Polizei«, Köln 1984 (beide zusammen mit Uwe Herzog; erschienen im Verlag Kiepenheuer & Witsch); »Die unheimliche Sicherheit« (Bremen 1986) und »Restrisiko Mensch« (Bremen 1987) hat er mit herausgegeben; seine neueste Buchveröffentlichung: »Widerstand gegen die Staatsgewalt – Handbuch zur Verteidigung der Bürgerrechte« (Hamburg 1988) ist im Konkret Literatur Verlag erschienen. Gössner ist Redakteur der Zeitschrift »Geheim« (Köln), Mitinitiator der Initiativen »Bürger kontrollieren die Polizei«, Mitglied der Deutschen Journalisten-Union dju in der IG Medien (vormals im Verband Deutscher Schriftsteller) sowie in der Bremer Strafverteidiger-Initiative. Als Sachverständiger spricht er in Gesetzes-Anhörungsverfahren vor den Rechts- und Innenausschüssen des Bundestags und von Landtagen.

Man könnte meinen, hier ginge es um eine neue Serie von »Human-touch«-Stories: Der Mensch hinter dem staatlichen Funktionsträger – eine tragische Figur allemal. Mich beschäftigt seit nahezu einem Jahrzehnt die umgekehrte Frage viel mehr: Der Apparat hinter dem Polizisten, »deinem Freund und Helfer« sowie die Strukturen hinter den sich häufenden Skandalen und Polizeiübergriffen. Zugegeben: Eine weniger populäre Fragestellung und wesentlich aufwendiger, sie zu ergründen.

Unterschiedliche persönliche Erfahrungen mit den Staatsgewalten im allgemeinen und mit der Polizei im besonderen resultierten gerade aus meinen Bemühungen, eben diesen angeschnittenen Problemen in verschiedenen Bereichen und auf verschiedenen Wegen auf die Spur zu kommen und meine Erkenntnisse weiterzuvermitteln:

Als offiziell akkreditierter (Foto-)Journalist einer bundesdeutschen Tageszeitung wollte ich im Jahre 1980 die gewaltsamen Auseinandersetzungen um ein öffentliches Rekrutengelöbnis im Bremer Weserstadion dokumentieren. Weil ich Polizeibeamte fotografierte, die von einer Anhöhe aus Pflastersteine auf die ungeschützte Menschenmenge (zurück-)schleuderten, wurde ich, nach einer ersten »Verwarnung«, festgenommen und mit Schlagstöcken durch eine Doppelreihe von Polizisten gejagt, die systematisch die mittelalterliche Folterform des Spießrutenlaufens an mir und an weiteren Personen vollzogen. Ein offen getragener Presseausweis hat nichts genützt – im Gegenteil. Pressefreiheit unter Polizeiknüppeln – viele Presse-Kollegen erlebten unzählige Male Vergleichbares. Ein Strafverfahren gegen die beteiligten Polizisten mußte eingestellt werden, weil sie in ihren Uniformen, unter ihren Helmen nicht identifiziert, nicht namhaft gemacht werden konnten. Der Mensch hinter der Uniform!

Als Dozent an der Volkshochschule Bremen habe ich etwa zur selben Zeit einen rechtspolitischen Kurs geleitet, der sich mit der Frage »Vom Rechtsstaat zum Polizeistaat?« beschäftigte. Schon die Ausschreibung dieses Kurses sorgte für große Aufregung bei der Bremer CDU, im Bremer Senat und in der Bürgerschaft (Bremer Landesparlament). Der Kurs wurde vom zuständigen Kultursenator überwacht, eine Parlamentsdebatte mit dem Ziel veranstaltet, den Kurs aus dem Programm zu kippen, was nur durch Flucht in die (bundesweite) Öffentlichkeit noch verhindert werden konnte. Im folgenden Semester konnte dieser Kurs jedoch nicht mehr veranstaltet werden. Eine Zensur findet nicht statt – nur einige Themenstellungen sind nicht opportun, insbesondere wenn es dabei um Staats- und Polizeikritik geht.

Als Rechtsanwalt habe ich des öfteren mit Opfern von Polizeigewalt zu tun, deren Interessen ich vor Gericht vertrete. Dabei stellt sich immer wieder heraus, daß sich die Betroffenen – etwa auf der Wache – zumeist allein mehreren Polizisten gegenübersahen, die sich dann vor Gericht gegenseitig mehr oder weniger dreist decken. Eine aussichtslose Zeugensituation, die häufig dazu führt, daß Opfer von Polizeigewalt – meist Angehörige sozialer Randgruppen und politischer Minderheiten – solche Übergriffe nicht nachweisen können, statt dessen ihrerseits wegen »falscher Anschuldigung« oder wegen »Widerstands gegen Vollstreckungsbeamte« auf der Anklagebank landen und bestraft werden. Eine gerichtliche Kontrolle – wie es die verfassungsmäßige Ordnung verlangt – findet nach meinen Erfahrungen, die von vielen Juristen-Kollegen bestätigt werden, im Polizeibereich aus unterschiedlichen Gründen kaum statt.

Als Sachbuchautor habe ich bei den umfangreichen Recherchen zu den Themenbereichen Polizei und Geheim-Polizei schon häufig diverse Hindernisse überwinden müssen, die mir von staatlichen Gewalten in den Weg gelegt worden waren: Abgesehen von der notorischen Geheimniskrämerei der Polizei, die eine Kontrolle durch die Medien ungemein erschwert, kam es immer wieder zu Schikanen, wie etwa Observationen bei Recherche-Arbeiten – insbesondere im Verlaufe der Entstehung des Buches »Im Schatten des Rechts – Methoden einer neuen Geheim-Polizei« (Köln 1984), das nach seiner erschwerten Fertigstellung aufgrund der Einstweiligen Verfügung eines Kriminaldirektors mehrere Monate lang nicht mehr verkauft werden durfte. In meinem ersten Buch »Der Apparat«, das ich zusammen mit Uwe Herzog schrieb, und das vehemente Diskussionen innerhalb und außerhalb des Polizeiapparates auslöste, mußten mehrere authentische Zitate auf Intervention des ehemaligen Präsidenten des Bundeskriminalamtes (aus urheberrechtlichen Gründen) getilgt werden. Es kam zu staatsanwaltschaftlichen Ermittlungsverfahren gegen uns als Autoren sowie gegen unsere Zeugen aus dem Polizeiapparat, des weiteren zu Anfragen in verschiedenen Parlamenten.

Angesichts der Tatsache mangelnder Kontrolle des Polizeiapparates, angesicht der bisherigen Polizeientwicklung zu Lasten der Bürgerrechte sowie angesichts der oft auswegslosen Situation von Polizeiopfern haben Anfang der achtziger Jahre zahlreiche Einzelpersonen und Gruppierungen in verschiedenen Städten der Bundesrepublik, der Schweiz und Österreichs Bürgerinitiativen gegründet, die sich folgende Ziele setzten: die öffentliche Kontrolle des Polizeiapparates und von Polizeihandeln selbst zu organisieren, den polizeilichen Alltag zu untersuchen, Polizeiopfern Hilfe zu leisten und möglichst breit über grundrechtswidrige Polizeigewalt aufzuklären. Diese Gruppen, die nach einem entsprechenden Aufruf in »Der Apparat« entstanden sind, wehren sich gegen die zunehmende Verpolizeilichung des Alltags und die verhängnisvolle Entwicklung eines präventiven Sicherheitsstaates; sie fordern den allmählichen Rückzug der Polizei aus politischen Bereichen und sozialen Problemfeldern zugunsten demokratischer und sozialverträglicher Konfliktlösungsmöglichkeiten.

Ein Fazit unserer bisherigen Untersuchungen: Der Mensch hinter der Polizeiuniform mag liebenswert und aufgeschlossen sein – aber er hat in seinem Beruf eine objektive Funktion, der er gerecht werden muß, um seine berufliche Existenz zu erhalten. Die einzelnen Beamten sind als Träger staatlicher Vollzugsgewalt Teil eines Ganzen: des Polizeiapparates, so wie er in den vergangenen Jahrzehnten ausgebaut und aufgerüstet wurde. Sie sind in diesem ausgebildet worden und versehen ihren täglichen Dienst innerhalb der verschiedenen Sicherheitseinrichtungen. Ihr Handeln ist letztlich Produkt dieses hierarchisch gegliederten, auf Befehl und Gehorsam gegründeten Systems. Sie können sich diesem repressiven und präventiven Gewaltpotential und seiner Eigendynamik nicht entziehen.

In entscheidenden politischen, ökologischen und sozialen Auseinandersetzungen der Zukunft, vielleicht schon einer nahen, werden auch Polizeibeamte sich nicht länger vor der Frage drücken können, auf welcher Seite sie eigentlich stehen, für oder gegen wen oder was sie handeln und kämpfen. Sie werden sich über ihre objektive Rolle im staatlichen und gesellschaftlich-ökonomischen Gesamtsystem klar werden und entscheiden müssen.

»Den Polizeiapparat muß man beobachten«

»Wir holen die Ärztin«

Claudia Ostländer, 28, ist bei der Bundeswehr in Darmstadt als Vertragsärztin beschäftigt. Zusätzlich arbeitet sie seit Januar 1987 bei der Polizei in Wiesbaden, nimmt Blutproben von Autofahrern, führt Haftfähigkeitsprüfungen durch und anderes mehr. Werktags, zwischen 17 Uhr und 7 Uhr morgens steht sie der Polizei – die bei ihr anruft, wenn sie sie braucht – zur Verfügung; am Wochenende, samstags, sonntags, ganztags. Ein harter »Nebenjob«.

Hauptsächlich geht's bei meiner Arbeit um Blutentnahmen, und zwar meistens bei Alkoholdelikten im Straßenverkehr. Die Blutentnahmen werden auf dem Revier gemacht. Dazu gibt es einen Untersuchungsbogen mit Fragen über die Vorgeschichte, vor allem über die letzten 24 Stunden: Ob da Blutverluste waren, Erbrechen, Transfusionen, Infusionen, Operationen, Anästhesien, ob Medikamente eingenommen wurden und wieviele. Außerdem wird nach früheren Krankheiten gefragt; wenn z. B. jemand eine Leberzirrhose hat oder nur noch einen halben Magen, dann spielt das ja auch eine Rolle bei der Aufnahme des Alkohols im Blut. Aber das ist relativ selten, daß jemand so was angibt.

Dann wird eine Schriftprobe durchgeführt. Da laß' ich einen ganz kurzen Satz hinschreiben, z. B. »Heute ist Sonntag« oder »Ich bin bei der Polizei«. Wenn es Ausländer sind, können sie den Satz auch in ihrer Sprache aufschreiben. Diese Schriftprobe wird aber wohl relativ selten zur Beurteilung mit herangezogen. Größe und Gewicht werden festgestellt; meistens schätze ich das. Das geht ganz gut. Dann ist von Bedeutung, ob der Betreffende nach Alkohol riecht und ob es Verletzungen bei dem Unfall gab, die ihn beeinträchtigen könnten.

Es folgt dieses berühmte Gehen auf dem Strich. So

richtige Striche gibt es allerdings bei den wenigsten Revieren. Die haben meistens Platten auf dem Fußboden und zwischen den Platten kann man sich praktisch den Strich vorstellen. Da laß ich die Patienten drauf laufen. Eigentlich sollten es fünf Meter sein, aber das kann man so ungefähr selbst abschätzen, das sieht man schon, wenn einer so hin- und herschwankt. Ja, dann wird noch der Finger-Nase-Versuch und der Finger-Finger-Versuch gemacht, mit geschlossenen Augen. Schließlich das wichtigste, die Nystagmus-Prüfung; die Patienten müssen sich fünfmal im Kreis drehen, und zwar ziemlich schnell innerhalb von zehn Sekunden. Dann laß' ich sie auf meinen Finger schauen und zähle den Nystagmus. Das sind die Augenbewegungen, die auch bei Gesunden, bzw. Nüchternen nach dem Drehen zu beobachten sind; bei denen dauern sie aber nur etwa 7–10 Sekunden an. Bei Leuten, die Alkohol zu sich genommen haben, dauert es meistens länger, mitunter 20 Sekunden oder sogar 30. Das spricht ziemlich deutlich für Alkoholeinfluß. Am Schluß muß ich noch meine Selbsteinschätzung eintragen. Gerade bei den Grenzfällen, so um 0,8 Promille, spielt die ärztliche Beurteilung eine Rolle.

Die meisten Leute sind schon überrascht, wenn sie eine Frau sehen; denn die stellen sich halt unter einem Amtsarzt – wie früher – ältere, ernsthafte Männer vor. Mir scheint, mir gegenüber können sie dann nicht mehr so aggressiv sein wie bei einem Mann. Viele haben mir auch selbst schon gesagt, daß sie sich vielleicht gewehrt oder geweigert hätten, wenn ein Mann sie untersucht hätte; aber mir gegenüber konnten sie das nicht. Die Autobahnpolizei in Erbenheim, die sagt schon direkt vorher zu den Leuten: »Ja, wir holen die Ärztin, die beruhigt sie dann doch mehr.«

Manchmal habe ich auch mit aggressiven Leuten zu tun, vor allem bei Zwangseinweisungen in die Psychiatrie. Da hab' ich schon mal 'ne Frau erlebt, die angefangen hat, mit Büchern, Akten und dem Telefon um sich zu schmeißen. Es ist auch nicht immer ein Polizist dabei; denn gerade bei solchen Sachen lassen sie mich oft allein, weil sie glauben, daß ich alleine besser mit den Leuten zurechtkomme als wenn ein Polizist daneben steht. Es geht ja um psychische Dinge. Aber ich bin noch nie irgendwie verletzt oder direkt angriffen worden und ich hab eigentlich auch noch nie so direkt Angst gehabt.

Neben den Alkoholtests mach' ich auch noch Haftfähigkeitsprüfungen. Dabei wird begutachtet, ob jemand im Augenblick eine Erkrankung hat, wegen der er nicht ins Gefängnis kann. Ja, und häufig sind's schon Simulanten.

Seit ich hier arbeite, habe ich mehr über die Polizei nachgedacht, und ich finde, daß dies eine ziemlich harte Arbeit ist, die ich auf Dauer nicht machen möchte, weil sie doch hauptsächlich die negativen Aspekte des Lebens betrifft. Und auf den Revieren zu arbeiten, immer mit aggressiven Leuten zu tun haben, das möchte ich nicht. Ich finde die Arbeit von Polizisten schon ganz schön hart.

Es gibt wie in jedem Beruf nette und weniger nette und ganz normale Kollegen unter den Polizisten. Und wenn die mal aggressiv werden, ist das oft eine Reaktion auf das Verhalten der Leute, mit denen sie zu tun haben. Denn wenn sie mit Leuten zusammen sind, die überhaupt nicht aggressiv sind, da sind die Polizisten auch freundlich.

Ich denke, die Polizei ist schon notwendig für ein geregeltes Zuammenleben der Menschen. Und ich finde auch, daß man eigentlich genügend Polizisten haben sollte. Ja, man sollte vielleicht noch mehr einstellen, damit die anderen genügend Freizeit haben. Ich glaube, davon hängen auch die Aggressionen ab, daß sie vielleicht zuviel Dienst tun müssen. Zu viel Streß.

Bundeswehr und Polizei – im Nachhinein hab ich mir

schon überlegt, daß das ungewöhnliche Tätigkeiten für eine Frau sind. Aber als ich damit anfing, habe ich mir das eigentlich gar nicht überlegt. Ich hatte mir ja auch nie überlegt, ich werde Ärztin, um bei der Bundeswehr oder bei der Polizei zu arbeiten. Da bin ich irgendwie so drangekommen. Und ich muß sagen, bei der Bundeswehr wird man als Frau gut behandelt, besser als in manchen Krankenhäusern.

»Neigt zur Kritik«

Jörg Kramer, 43, ist Polizeirat und arbeitet als stellvertretender Abschnittsleiter in Berlin-Schöneberg. Seit fünf Jahren ist Jörg Kramer Berliner Landesvorsitzender und seit drei Jahren darüber hinaus Bundesvorsitzender der Sozialdemokraten in der Polizei (SIP).

Der Polizeidienst in Berlin unterscheidet sich generell nicht von dem im übrigen Bundesgebiet, wenn man von den polizeilichen Problemlagen einer Großstadt im Vergleich zu denen ländlicher Gebiete absieht. Tatsächlich gleicht der Polizeidienst in Berlin dem in Köln, Hamburg, Frankfurt oder München. Die Aufbau- und Ablauforganisationen sind sehr ähnlich. Eine Besonderheit haben wir hier in Berlin, die sich im täglichen Dienst allerdings kaum nennenswert auswirkt: Die Berliner Polizei ist alliiertem Recht sowie alliierter Kontrolle und Beaufsichtigung ebenso unterworfen, wie Berlin insgesamt noch dem Besatzungsrecht unterliegt.

Kontakte zu den Ostberliner Kollegen gibt es überhaupt nicht. Die gab es nach Erzählungen älterer Kollegen, wenn auch inoffizieller Art, vor dem Bau der Mauer, also vor dem 13. August 1961, sogar recht intensiv. Man besuchte sich an den Sektorengrenzen wechselseitig und setzte sich zusammen, um mal ein Bier zu trinken oder West-Zigaretten zu rauchen. Nach dem Mauerbau wurden diese Kontakte schlagartig und konsequent abgebrochen. Man muß sich vergegenwärtigen, was für eine Atmosphäre damals in der Stadt herrschte: Volkspolizisten schossen auf flüchtende Menschen, auch auf Westberliner Gebiet. Und Westberliner Polizisten schossen zurück, um Ostberliner Mitbürgern die Flucht zu ermöglichen.

Mit einem gewissen Amüsement, aber auch mit Weh-

160

mut betrachtete ich vor einiger Zeit ein Foto in einer Berliner Tageszeitung. Da war ein Volksarmist der DDR-Grenztruppen unmittelbar neben einem Westberliner Polizeibeamten abgebildet. In Berlin fand vor kurzem ein kleiner »Gebietsaustausch« zwischen Ost und West statt. Und so werden DDR-Befestigungsanlagen abgerissen und an anderer Stelle neu aufgebaut. Die Tätigkeit wird von den einen (Ost) durchgeführt und von den anderen (West) beobachtet. Auf diese Weise entstand diese sicherlich auch historisch interessante Momentaufnahme, die eine kalte Gegensätzlichkeit ebenso symbolisieren könnte wie menschliche Nähe.

Ich bin mit Leib und Seele Polizeibeamter. Bereits während der Zeit meiner Ausbildung, die mit einer Phase des gesellschaftlichen Umbruchs in unserem Land einherging (es war die Zeit der sogenannten Achtundsechziger-Generation), fand ich mich vor die Entscheidung gestellt, entweder den Polizeiberuf aufzukündigen oder ihn so umgestalten zu helfen, daß er mit meinem sozialen Bewußtsein und meinem von Humanität geprägten Selbstverständnis zu vereinbaren war. Ich entschied mich für den letzteren Weg. So habe ich in den folgenden Jahren versucht, diesen Beruf zu verinnerlichen. Zu verinnerlichen in dem Sinne, wie ich »Polizei« verstanden wissen wollte und wie ich meinen Beruf praktizierte, und zwar in jeder der zahlreichen verschiedenen Funktionen und Ebenen. Schon nach einem halben Jahr Ausbildung wurden meine Kollegen und ich erstmals zwischenbeurteilt. Und da stand bei mir unter »Eigene Wünsche und Absichten«: »Aufstieg in den gehobenen Polizeidienst«. Ich wollte tatsächlich den Aufstieg, und zwar um mehr Einfluß und Mitsprachemöglichkeiten zu bekommen. Ich habe erstmals in meinem Berufsleben so etwas wie Ehrgeiz entwickelt. Das traf auch damit zusammen, daß ich damals eine Familie gründete und sich von daher auch das Verantwortungsbewußtsein veränderte.

Für mich steht die Schutzfunktion des Polizisten gegenüber dem Mitbürger eindeutig im Vordergrund. Die Polizei in unserer rechtsstaatlichen Gesellschaft ist nicht mehr Herrschafts-, Macht- und schon gar nicht Machterhaltungsinstrument bestimmter, zumeist kapitalorientierter Gruppen und Kräfte. Sie hat nicht Partei in der politischen Auseinandersetzung zu sein und darf sich nicht in diese Rolle zwängen lassen. Sie muß sich davor hüten, Feindbilder als Motivation ihres Handelns zu entwickeln. Sie wird selbst um so weniger Gegenstand eines Feindbildes, je besser ihr es gelingt, sich als Institution für die Gewährleistung der Grundfreiheiten des Bürgers darzustellen.

Derzeit assoziiert die Mehrheit der Bevölkerung die Polizei mit sprachlosen Wesen im martialischen Kampfanzug in »NATO-oliv«, mit Schutzhelm, Schlagstock, Wasserwerfer und Tränengas statt mit freundlichen, umgänglichen, akzeptablen öffentlich Bediensteten im schlichten grünbeigen Dienstanzug im Schutz und Sicherheit symbolisierenden Funkstreifenwagen oder als Fußstreife.

Politische Parteien, wie auch einzelne zumeist konservative Politiker mißbrauchen die Polizei dazu, um politisch umstrittene oder von Teilen der Bevölkerung abgelehnte Projekte notfalls mit den Mitteln staatlicher Gewalt durchzusetzen. Ich denke dabei an die Erweiterung des Frankfurter Flughafens oder an die seelenlose Kahlschlagsanierung in Altstadtgebieten von Ballungszentren ebenso, wie an die Errichtung von Atomkraftwerken, die Beschickung von Depots mit nuklearen Vernichtungswaffen oder an den Bau einer Wiederaufbereitungsanlage für verbrauchte Atombrennstäbe in Wackersdorf. Von diesen Politikern wird auch das Polizeibild geprägt, welches für die Durchsetzung derartiger Maßnahmen erforderlich ist. Der Polizei wird suggeriert, sie sei in Ausgestaltung des »staatlichen Gewaltmonopols« ausschließlich »Vollzugsorgan« parlamentarischer Mehrheitsentscheidungen.

Von einem maßgeblichen Teil der Medien wird dieses Polizeibild transportiert und z. T. verstärkt, indem zuviel von unfriedlichen demonstrativen Aktionen und zuwenig vom Normaldienst des Schutz- oder Kriminalpolizisten berichtet wird.

Viele Polizistinnen und Polizisten beklagen z. B. einerseits das schlechte Ansehen der uniformierten Polizei im Vergleich zur Kripo oder im Vergleich zu einer anderen Institution: der Feuerwehr. Nur wenige machen sich Gedanken darüber, warum das so ist. Schnell haben sie einfache Lösungen zur Hand, die mit ihrer Rolle als Strafzettel verteilender Streifenpolizist in Zusammenhang gebracht wird. Daß der mißbräuchliche Einsatz dafür ursächlich ist, auf den Gedanken kommt selten jemand von allein. Vielen wird in Diskussionen erstmals bewußt, wie sie unterschwellig unter dem schlechten Image der Polizei leiden und wie sich andererseits ihre Berufszufriedenheit steigern ließe, wenn sich das polizeiliche Berufsbild ändern würde.

Die Aus- und berufsbegleitende Fortbildung hätte hier eine wichtige Funktion wahrzunehmen. Den Polizeianwärtern müßte neben den vielfältigen Rechtskenntnissen soziales und humanes Engagement nahegebracht werden. Vor allem aber müßten sie in Dialogfähigkeit und Kommunikationstechnik unterwiesen werden. Aber sehen Sie sich doch die Mädchen und Jungen an, die im Alter von 16 Jahren zur Polizei kommen. Unmittelbar von der Schulbank drängen sie in eine Ausbildung, die nicht nur nichts kostet, sondern ihnen im Gegenteil ein Stück vermeintlicher Freiheit und Freizügigkeit vom Elternhaus dadurch verschafft, daß sie plötzlich monatlich über mehr als 1.100,– DM verfügen können. Ich vermute, daß die Herabsetzung des Eintrittsalters von früher 18 auf jetzt 16 Jahre kalkuliert war. Wer früher von der Schule kam, war gezwungen, einen Beruf zu erlernen oder zu jobben. In jedem Fall mußte er zumeist in der Privatwirtschaft Erfahrungen in einem Beruf sammeln, bevor er sich bei der Polizei bewerben konnte. Heute werden im Berufsleben unerfahrene Schulabsolventen rekrutiert, fast ausschließlich von Polizeibeamten ausgebildet und dabei in eine bestimmte berufliche Sozialisation gebracht. Viele Außenkontakte zu ehemaligen Schulkameraden und Freunden werden abgeschnitten, u. a. durch das Image, das die Polizei inzwischen hat. Die Orientierung richtet sich nach innen, d. h. in die »Polizeifamilie«. Diese Gettoisierung ist eine verheerende Entwicklung sowohl für den einzelnen Polizisten als auch für die gesamte Polizei. Es wird alles so hingenommen, wie es angeboten wird. Nichts wird hinterfragt, überdacht oder in Zweifel gezogen, weil eine Bemerkung wie »neigt zur Kritik« in einer der zahlreichen Beurteilungen für den Betroffenen vernichtend und für den weiteren Weg in der Polizei erheblich hemmend sein kann.

Ich würde es sehr begrüßen, wenn neben einigen die Menschlichkeit und Herzensbildung qualifizierenden Elementen in der Polizeiausbildung als Rekrutierungsvoraussetzung auch ein Mindestmaß an Lebens- und Berufserfahrung hinzuträte. Daneben wäre es wichtig, durch berufsbegleitende Praktika in einem oder mehreren Betrieben in unterschiedlicher Tätigkeit etwas von dem nachzuholen, was heute bedauerlicherweise nicht mehr Einstellungskriterium ist. Schließlich sollte wieder mehr von der Möglichkeit der Einstellung sogenannter lebensälterer Bewerber, d. h. Männer und Frauen im Alter zwischen 25 und 35 Jahren mit langjähriger Berufserfahrung, Gebrauch gemacht werden. Die auf diese Art zur Polizei gekommenen wissen besser, wie sie einem Arbeitslosen, einem Fernfahrer oder einem Fabrikarbeiter gegenüberzutreten haben. In der Polizei sollte sich die Gesellschaft widerspiegeln können. Derzeit ist es ein Zerrbild.

Für mich ist die Formel »Dialog statt Gewalt« kein leeres Schlagwort; ich versuche, in jeder Beziehung, d. h. in der Familie, in der politischen Auseinandersetzung, im Verhältnis zu den mir nachgeordneten Mitarbeitern, im Umgang mit Vorgesetzten, vor allem aber auch im Umgang mit dem Mitbürger, den Dialog an die Stelle von Gewalt, auch an die Stelle verbaler Gewalt zu setzen. Wichtigste Voraussetzung hierbei ist es, eigene Vorurteile und Feindbilder zu erkennen und abzubauen. Wer miteinander spricht, wirft keine Steine und verwendet keinen Gummiknüppel. Nur so ist die Gewaltspirale zurückzudrehen.

Die Ereignisse an der Frankfurter Startbahn West, die Todesschüsse auf die beiden Polizeibeamten, waren ein Anlaß, wo innegehalten wurde, wo ein Umdenken von den verschiedensten Seiten eingeklagt und gefordert, aber auch angeboten wurde. Sowohl diejenigen, die dem Staat und der Polizei kritisch gegenüberstehen, als auch diejenigen in den Reihen der Polizei, die ich als Hardliner bezeichnen würde, stimmten für einige Tage das »hohe Lied« der Dialogbereitschaft an. Diese momentane Stimmung muß zur Grundhaltung werden: Dialog statt Gewalt.

Die Wahl des Anzugs und der Ausrüstung, der sichtbare Kräfteeinsatz, die Art des persönlichen Umgangs des Verbindungsbeamten oder des Polizeiführers mit dem Veranstalter, das Verhalten und die Kommunikationsfähigkeit und -bereitschaft von Beamtinnen und Beamten vor und während einer Demonstration, die Art der Einwirkung auf die Versammlungsleitung sowie auf »Anheizer« in den Reihen der Demonstranten, der Umgang der Polizeikräfte mit Streß und auftretenden Konflikten, die Flexibilität, Besonnenheit und vielleicht auch Gelassenheit bei kleineren Zwischenfällen, das akkurate und akzeptable Auftreten und Einschreiten gegenüber Störern und vieles andere sind Einzelelemente, die kopfgesteuert bedacht werden müssen. Vorbesprechungen mit den Veranstaltern dürfen nicht zu Befehlsempfängen verkümmern. Die Anliegen von Protestlern und Demonstranten müssen ernstgenommen, wenn auch nicht unbedingt geteilt werden. Toleranz und neutrale Zurückhaltung müssen durch die Polizeiführung und jeden einzelnen Beamten »demonstriert« werden. Jede(r) Beamte/in muß besser lernen, mit Provokationen und mit Aggressionen fertigzuwerden. Das muß ebenso wie die Festnahmetechniken geschult und trainiert werden. Vor allem muß man es wollen!

»Den Polizeiapparat muß man beobachten«

Für den Polizeibeamten H. D., 31, ist es ein Gebot der Klugheit, seinen Namen nicht zu nennen, da er auf Grund seiner impulsiven, direkten Art schon häufiger Ärger mit Vorgesetzten hatte.

Weil ich mit meinem Vater Riesenschwierigkeiten hatte, bin ich mit 18 an Silvester von daheim abgehauen. Dann hab ich mir überlegt, was machst jetzt? Die Schule hatte ich nach der 11. Klasse abgebrochen, weil ich durchgefallen war und mir geschworen hatte, nie eine Klasse zu wiederholen. Also, ich hab mir überlegt: Wo verdienst Du gleich Geld? Polizei, Bund, Zoll? – Also Polizei.

Ich bin jetzt seit zwölf Jahren dabei. Nein, mein Traumberuf ist das nicht, mein Traumberuf früher war Pilot. Bei der Ausbildung hab ich gleich gemerkt, da versuchen sie dir die Würde zu brechen. Nicht alle, aber da gab's genug solche Vorgesetzte.

Nächtes Jahr will ich eventuell den Gehobenen Dienst machen. Aber ich hab' in der letzten Beurteilung zwei Fünfer gehabt. Jetzt wird's eng. Ich hab mich ein paarmal mit dem Chef angelegt, davon bekommt man auch schlechte Beurteilungen.

Am Polizeiberuf gefällt mir die Arbeit auf der Straße, der Kontakt mit den Leuten, oder auch die Erfolgserlebnisse, z. B. bei Leuten, die dir vorher negativ eingestellt waren und die dann zahlen und sich noch bedanken. Und auch die Sicherheit – wegen dem Beamtenstatus.

Wie ich angefangen hab, da gabs schon das Gefühl, daß alle auf dich schauen, weilst eine Uniform anhast. Privat hab ich keine Schwierigkeiten als Polizist. Es ist eher ein Vorteil, eine Uniform zu tragen. Die erste Wohnung hab ich nur gekriegt, weil ich meinen Dienstausweis gezeigt hab. Die Vermieter wollten ursprünglich nur Rentner oder ein ruhiges Ehepaar. Dann haben sie gesagt, hier kommt eh' selten die Polizei raus, es ist gut, wenn man einen Polizisten im Haus hat.

Für die Mehrheit der Bevölkerung stellt die Polizei kein Feindbild dar. Natürlich, wenn einer fünf Bier getrunken hat, dann sieht er mich natürlich als »Feindbild«. Keiner will gern gemaßregelt werden. Wenn ein Bürger hingegen überfallen wird, dann bin ich natürlich sein Freund. Wenn ich Zeit hab und red' mit den Leuten, dann versteh ich mich sehr gut mit ihnen.

Gewalt bei der Polizei kommt vor. Das ist auch ein Problem für mich. Weißt du, ich reagier' impulsiv, und wenn du das Opfer siehst, direkt nach der Tat, dann dich beherrschen – da kriegst ein halbes Magengeschwür davon, daß du nicht zuschlagen darfst. Das geht dir auch so.

Ich war erst auf zwei größeren Demonstrationen, in Ohu und in Grafenrheinfeld. Nach einer Spontandemonstration in Nürnberg bin ich von einigen Demonstranten Mörder und Faschist genannt worden. Also, die hätt ich gern rausgezogen, denn mit den Nazis will ich nichts zu tun haben. Grundsätzlich würde ich bei Demonstrationen mitmachen. Aber dann müßte wirklich was Größeres sein. Bisher hat mich jedoch noch nichts so sehr berührt. Ich gehe auch nicht zu Demonstrationen, weil, in der Masse wird der Intelligenteste blöd. Was mich bei den Frankfurter Polizistenmorden am meisten geschockt hat, das ist das mit den Demonstranten. In Wackersdorf schießens' mit Stahlmuttern und in Frankfurt mit solchen Kalibern. So machens' den ganzen Staat kaputt. Die begreifen nicht, daß wir einen Staat haben, der schützenswert ist. Die müßten mal in der Welt herumfahren. Wenn sich bei uns so extreme Lager bilden, daß die Leut aufeinander schießen, da müßten sich ja die Leut in anderen Staaten alle umbringen. Das hat mich geschockt. Ein Facharbeiter in Südamerika kann sich an einem Tag keine zwei Big-Mac kaufen. Da würde ich es verstehen, wenn die mal eine Bombe werfen, aber bei uns – das versteh ich nicht.

Warum werden die wenigen Gewalttäter nicht aus dem Schwarzen Block herausgeholt? Da sag ich nix... Ist doch klar, weil sie die brauchen. Politisch. Um abzulenken von den Sachfragen. Über Sinn oder Unsinn der Wiederaufbearbeitung reden die Leut' ja gar nicht mehr, nur noch über die Gewalttätigkeiten, die vorgefallen sind. Wenn ich sehe, wieviel Polizisten da herumstehen und die können den Schwarzen Block nicht packen – das versteh ich nicht. Das geht sonst ja auch bei ähnlichen Fällen, nur bei Demonstrationen nicht. Man hört und liest ja, daß die 100 oder 200 Demonstranten namentlich bekannt sind. Die brauchen sie doch bloß festnehmen. Aber da wollen sie vielleicht die V-Männer schützen, oder was weiß ich, warum sie die nicht festnehmen.

Ich bin bei der SPD und bei der GdP (Gewerkschaft der Polizei). Zu der SPD bin ich erst 1982 gegangen, weil damals jeder die SPD abgeschrieben hat. Alle anderen Parteien sind freundlich gegenüber der Polizei. Die SPD ist kritischer. Und das ist gut so; den Polizeiapparat muß man beobachten, denn der hat eine ziemliche Macht. Wenn die Oben zucken, geht das bis Unten durch. Dieses Obrigkeitsdenken kann einem Angst machen. Da stehen überhaupt keine Leute mehr mit Charakter dazwischen. Mir ist es lieber, daß so ein Machtapparat kontrolliert wird, damit Oben kein Falscher zuckt.

Der normale Mensch muß sehen, daß wir von der Polizei nicht anders sind als er. Bei der Polizei sind auch alle Typen vertreten, da gibt es alle Schichten. Ich fühl mich als Demokrat. Das ist für mich das Wichtigste.

»Kein funktionierendes Rädchen«

Holger Jänicke, 28, Polizeikommissar, arbeitet seit zehn Jahren bei der Schutzpolizei in Hamburg.

Ich war politisch überhaupt nicht interessiert. Ich hab meinen Dienst gemacht und das so gut wie möglich. Ich war ein perfekt funktionierendes Rädchen in diesem Polizeisystem. Bis ich über einen Umweg politisch sozialisiert worden bin. Und zwar durch meine damalige Freundin. Sie war meine und ich war ihre Jugendliebe. Sie war in einem ganz anderen sozialen Umfeld tätig, zunächst in der Verwaltung einer Behindertenanstalt, später dann im pflegerischen Bereich. Dort hat sie dann Kontakt zu Leuten bekommen, die dem ganzen Staatswesen kritischer gegenüber stehen. Die haben halt an Demos teilgenommen. Was für mich damals eine persönliche Schwierigkeit war, nun auch im privaten Bereich Leuten gegenüberzusitzen, die auf einer Demo für oder gegen etwas eintreten und ich stand mit Schlagstock und Helm und Schild auf der anderen Seite und mußte notfalls auch mit Gewalt gegen diese Leute vorgehen. Da prallten also schon Welten aufeinander. Die Beziehung fing dann an zu kriseln, es tauchten immer mehr Spannungen auf, die zu einem großen Teil durch meinen Beruf verursacht waren.

Dann begann das mit der Startbahn West. Da wollte ich dann mit Demonstranten sprechen. Ich wollte einfach wissen: Was sind das für Leute, mit wem hast du es da zu tun? Das führte dann zu einer Art Isolation innerhalb meines Zugverbandes; weil man mir unterstellte, zur »anderen Seite« zu gehören. Es ist schon sehr mit Problemen behaftet, als Polizeibeamter in so einer geschlossenen Einheit sagen zu können: Liebe Kollegen, ich geh' auch privat auf ne' Demo! Das ist schon sehr anrüchig, offiziell zwar nicht, aber im informellen Bereich. Das verstärkte sich dann immer mehr. Kurz nach den Frankfurter Morden hat dann ein Kollege, mit dem ich zusammen bei der Polizei angefangen hatte, gekündigt. Ich weiß nicht genau, aus welchen Gründen; ich hatte den Eindruck, daß er sich isoliert vorkam und gekündigt hat, weil ihm das Ganze irgendwie politisch gegen den Kram ging. Ich saß dann mit zwei Kollegen zusammen, und wir haben so spekuliert, was könnte man sonst noch machen, außer Polizei.

In dieser Zeit tauchte für mich die Möglichkeit auf, mich für den gehobenen Dienst der Polizei zu bewerben. Das war eine neue Perspektive, an die ich lange Zeit nicht gedacht hab'. Ich dachte mir: mach das doch einfach mal mit, nutz mal die Chance, und wenn das nur ein Testballon ist, den du startest. Mal sehen, welche Fähigkeiten du hast. Ich hab den Test mitgemacht, ihn bestanden und bin so im Grunde reingeschlittert in diese gehobene Laufbahn. Ich habe dann das Fachabitur nachgeholt und sechs Semester studiert. Eigentlich ist es ein Zufall, daß ich jetzt noch bei der Polizei bin, und daß sich das so verfestigt hat.

Den letzten Schliff meines veränderten politischen Bewußtseins erhielt ich 1983, dem Jahr der NATO-Nachrüstung. Warum mich gerade die Nachrüstung so stark beeinflußt hat, liegt wohl daran, daß es jedem auch nicht so verständigen Mitbürger zu erklären ist, was für ein Schwachsinn da gelaufen ist und was für ein Schwachsinn Rüstung schlechthin bedeutet. Weil das sehr einfach und sehr leicht zu verstehen ist, hatte ich auch keine großen Schwierigkeiten mich als Teil der Friedensbewegung zu empfinden. Spätestens da hab ich dann erfahren, was das ist, wenn man auf Seiten der Demonstranten seht.

Ich habe Kollegen gegenübergestanden, die ich teilweise wiedererkannt hab' und die mich auch wiedererkannt haben. Das ist für mich – bis heute – eine nicht ganz einfache Situation. Es war teilweise so, daß ich mit Freunden, die ein sehr distanziertes Verhältnis zur Polizei haben, auf ner Demo war. Und wenn ich dann mal Leute irgendwo in der Polizeikette gekannt und gegrüßt hab, waren meine Freunde ein bißchen verunsichert. Die haben dann manchmal auch meine Kollegen gegrüßt ... also für alle Beteiligten war es ne merkwürdige Situation. Es lag etwas in der Luflt, was keinem so recht paßte. Das ist wirklich schwierig.

Ich bin in der Zwischenzeit fest davon überzeugt, daß die Polizei in gewissen Bereichen mißbraucht wird. Wenn ich in Brokdorf oder Wackersdorf steh und da den Zaun verteidige, bedeutet es nichts anderes, als daß ich diesen Atom-Staat und die Atom-Lobby verteidige. Dem Nachbarn von nebenan gehört die Anlage in Wackersdorf nicht und auch Brokdorf nicht. Die große Masse der Bevölkerung ist an dieser Anlage auch wirtschaftlich nicht beteiligt.

Man muß sich dieser Sachlage bewußt sein, und trotzdem kann ich meinen Dienst versehen. Denn noch leben wir in einem rechtsstaatlich strukturierten Staat. Wenn wir einen totalitären oder einen faschistischen Staat hätten, könnte ich diesen Beruf nicht mehr ausüben.

Ich würde sagen: jeder, der den Dienst nicht mehr verkraften kann, muß für sich individuell entscheiden und eventuell kündigen. Das könnte zur Folge haben, daß man innerhalb dieser sehr konservativen Polizei denen das Feld überläßt die noch weiter nach rechts treiben wollen.

Den »Hamburger Kessel« hab ich hautnah miterlebt. Ich war damals gerade im 6. Semester an der Fachhochschule und war in einem kleinen Einsatzzug eingesetzt. Am Tag vor dem Hamburger Kessel war die Brokdorf-Demonstration, und einen Tag vorher hab ich erfahren, daß ich am Wochenend Dienst hab. Ich wollte unbedigt – für mich hatte das einen symbolischen Wert – zu dieser Brokdorf-Demo. Viele Freunde und auch Kollegen wollten zu der

Demo. Ich wollte frei haben und sprach deshalb bei meinem Vorgesetzten vor. Es wurde aber Weisung erteilt, von der höchsten Polizeiführung wohl, daß niemand freibekommen könne. Ich bin von der Dienststelle raus und den ganzen Weg weinend nach Hause gegangen. Irgendwo hatte ich das schon im Gespür, daß mir ein paar harte Tage vor der Tür stehen. Die Brokdorf-Demo hab ich dann am nächsten Tag von Hamburg aus teilweise zumindest, miterlebt. Durch Videoaufnahmen, die von einem Hubschrauber aus überspielt wurden. Abends, nach Dienstschluß, traf ich dann meine Freunde und Bekannten wieder. Die erzählten mir dann, daß viele in Brokdorf am Deich gekotzt haben vom CS-Gas, daß da eingesetzt wurde, daß wahllos mit Tränengas gesprüht wurde und daß viele Leute daran gehindert wurden, überhaupt zum Demonstrationsort zu gelangen. Es waren ja zunächst nur Bruchstücke an Informationen, die durchdrangen. So zum Beispiel die Geschichte in Kleve, wo der Schlagstockeinsatz war, bei dem die Polizei die ganzen Autos demoliert hat. Das war an diesem Abend nur notdürftig bekannt, aber das was ich gehört hatte, reichte mir aus, entsetzt zu sein.

Am nächsten Tag hatte ich wieder Dienst, da war nämlich 75jähriges Jubiläum des Hamburger Flughafens. Alles was an diesem Vormittag Dienst hatte, wurde ins Schanzenviertel beordert, weil da eine Spontandemonstration im Entstehen begriffen war. Wir kamen hin und dort lief alles durcheinander. Die Polizei war scheinbar überrascht, obwohl aus der Szene heraus bekannt war, daß für den Fall von Demonstrationsbehinderungen in Brokdorf am nächsten Tag in Hamburg eine Anschlußaktion stattfinden sollte. Es ging alles Hals über Kopf. Wir sind in die Nähe des späteren Kessels geschickt worden und da hieß es nur: die Leute zertrümmern die Scheiben und unser Auftrag sei, alle Versammlungen unter massivem Schlagstockeinsatz aufzulösen. Ich war so geschockt von diesem Befehl, daß ich überhaupt nicht in der Lage war, das einzuordnen. Mir war noch nie ein so derber und undifferenzierter Einsatzbefehl gegeben worden. Wenn mehrere Personen zusammenstehen, »sich zusammengerottet haben«, wie man früher so gesagt hat: Rein mit dem Schlagstock und auseinandertreiben. Das ist so eine Einsatzform, die kann ich nur so nachempfinden aus der Weimarer Zeit, oder aus der Kaiserzeit, oder in Süd-Afrika, Chile oder sonstwo. Es war für mich völlig neu, sowas nun hier in Hamburg erleben zu müssen. Ich mußte dann auch zum Heiliggeistfeld, und da waren die Demonstranten eingekesselt und ich stand auch mehrere Stunden unmittelbar daneben.

Ich wurde immer nachdenklicher, was da eigentlich geschehen war. Aus all diesen Ereignissen der paar Tage hab ich mit einigen Kollegen so eine Art Konferenzschaltung gehabt. Wir waren alle sehr aufgebracht und wir sagten: Es muß etwas passieren. Schon vor dem »Hamburger Kessel« hatte es Ideen gegeben, innerhalb der Polizei etwas zu machen. Wir dachten da an eine Arbeitsgruppe zum Umweltschutz. Letztlich müssen wir dem Hamburger Kessel auch dankbar sein, denn der hat das Faß zum Überlaufen gebracht. Im gleichen Monat noch, Ende Juni 87, haben wir die erste Pressemitteilung rausgegeben: Wir bilden jetzt eine Arbeitsgruppe, und wir traten auf, als »Arbeitsgemeinschaft kritischer Polizistinnen und Polizisten«.

»Ich bin ganz strikt für das Gewaltmonopol«

Adolf Gutmann, 50, ist Polizeihauptkommissar bei der Landespolizeidirektion in Stuttgart beschäftigt. Zur Polizei kam Adolf Gutmann im Jahre 1956, weil ihm die »weißen Mützen und die weißen Röcke« der damaligen Verkehrspolizei so gut gefielen. Seit 1978 ist er Fachbereichsleiter für Draht-Fernmeldeanlagen. Den technischen Bereich der Polizei bevorzugt er nicht zuletzt auch deshalb, weil er sich nicht für einen »geborenen Polizisten« hält, sondern für einen, dem es »am Anfang schwer fiel, gebührenpflichtige Verwarnungen auszusprechen«.
Adolf Gutmann ist SPD-Mitglied, Landesvorsitzender des Polizeibeirates beim SPD-Landesverband Baden-Württemberg und stellvertretender Bundesvorsitzender der Sozialdemokraten in der Polizei, kurz SIP genannt.

Es passierte 1959, bei den »Weißen Mäusen«, wie damals die Verkehrspolizisten hießen, die in weißen Röcken, mit weißen Schulterriemen und weißem Koppel ihren Dienst auf einem 500er BMW-Motorrad verrichteten. Wir hatten nachts einen Verkehrsunfall zu bearbeiten, bei dem der Fahrer geflohen war. Ja, dieser Mann war alleinstehend und hatte sich in seiner Wohnung eingeschlossen; und aus strafprozessualen Gründen hatte man die Wohnung zur Nachtzeit nicht aufgebrochen, um den Mann festzunehmen und ihn einer Blutprobe zuzuführen. Als frischgebackener Wachtmeister, von der Bereitschaftspolizei zum Verkehrsdienst versetzt, hatte ich nun also die Aufgabe, dieses Haus zu bewachen, damit der Mann nicht stiften geht, und um ihn dann nach strafprozessualen Bestimmungen morgens um sechs aus der Wohnung zu holen; notfalls mit Gewalt. Als dann im Morgengrauen gegen sechs die Kollegen mit einer Verstärkung von vier Mann ankamen und kräftig an die Türe klopften, öffnete sich oben das Fenster und der

Mann rief: »Ihr Schweine, lebend kriegt ihr mich nicht!«
Kurz darauf war ein Knall zu hören, woraufhin dann die
Kameraden durch Aufbrechen der Wohnungstür dort ein-
gedrungen sind und den Mann am Boden liegend mit
einem Bolzenschußapparat neben sich – es war ein Metz-
ger –, im eigenen Blut beinahe schwimmend, vorgefunden
haben. Das Rote Kreuz wurde alarmiert und als Arzt und
Rettungswagen ankamen und die Sanitäter mit der Bahre
in den ersten Stock hochgingen, wurde ich dazu bestimmt,
die Bahre mit herunterzutragen. Wir haben die Leiche mit
einem Gummituch abgedeckt, aber der Mann war so stark
verletzt durch diesen Schuß in den Kopf, daß sich das Blut
in einer Gummimulde irgendwo staute, und dann, als ich
die Treppe herunter mußte, in einem Schwall über meine
Uniform ergoß. Als ich nachher blutbeschmiert im Freien
stand, da ist mir erst so richtig bewußt geworden, was
geschehen war. Das war für mich ein bleibender Eindruck
im Polizeiberuf: Da hat sich möglicherweise einer zu Tode
gebracht, weil die Polizei falsch reagiert hat. Das ist mir bis
zum heutigen Tage unvergessen. Und unter dieser Prä-
misse verstehe ich, daß die Polizei eigentlich den schwer-
sten Stand innerhalb der Gesellschaft überhaupt einnimmt.
Die Polizei ist von Freitag mittag ab zwölf, wenn die
meisten Leute schon Feierabend machen, speziell im
öffentlichen Dienst, im Einsatz. Der Polizeibeamte vor Ort
ist derjenige, der zuständig ist, von der Reblaus-Bekämp-
fung bis zur Kastration am Montagmorgen, wenn der Vete-
rinär wieder zum Dienst kommt. So ungefähr stellt sich mir
der Polizeiberuf dar und ich meine, wir hätten alle in
unserer Gesellschaft Grund genug, dem Polizeibeamten
zur Seite zu stehen und ihn nicht mit Steinen zu bewerfen.

Ich meine, der Polizeibeamte in Uniform ist eigentlich
kaum mehr vergleichbar mit einem Polizeibeamten frühe-
rer Zeiten, Gott sei Dank schon gar nicht mit dem aus der

Zeit des Sozialistengesetzes. Der Polizeibeamte damals, das war die personifizierte Staatsräson; der Polizeibeamte vor Ort war eine Respektperson. Heute kann sich ein Polizeibeamter, alleine, vor allem nachts, nicht auf dem Bahnhof aufhalten. Er ist gefährdet. Er ist keine Respektperson mehr. Die Bundesbahndirektion in Stuttgart z. B. gestattet es Polizeibeamten in Uniform – sie wünscht es sogar ausdrücklich –, daß die Beamten in Uniform kostenlos S-Bahn fahren, wenn sie zum Einkaufen gehen, wenn sie von der Wohnung zum Dienst und zurück fahren. Und zwar aus dem einzigen Grund, um die Polizei in den S-Bahn-Zügen präsent zu haben, weil dort den Beschädigungen, Brandstiftungen und weiß Gott was noch für Delikten Einhalt geboten werden soll. Sie werden aber kaum einen Polizeibeamten finden, der deswegen in seiner Freizeit kostenlos mit der S-Bahn fährt. Die Bundesbahn wird ihnen bestätigen, daß die Präsenz von Polizeibeamten in Uniform so schwach ist wie nie zuvor; obwohl sie kostenlos und sogar 1. Klasse fahren dürfen, ziehen sie die Uniform aus und kaufen sich ihre Fahrkarte.

Auf der Schwäbischen Alb allerdings ist der Polizeibeamte auch heute noch geachtet. Dort wird er vom einzelnen Bürger mit Namen und in höflichster Form zu jeglicher Tageszeit begrüßt. Dies ist in Stuttgart nicht der Fall oder äußerst selten – na, wie kann man das ausdrücken... also ich würde in Stuttgart lange brauchen, bis ich mich so wohlfühlen würde, um in meiner Uniform herumzulaufen.

Die Polizei steht innerhalb unserer Gesellschaft, nach meinem Dafürhalten, an einer unteren Schwelle. Sie ist diejenige Organisation in der politischen Struktur, die das durchzusetzen hat, was die Politiker wünschen und was vielen Bürgern als unvernünftig und nicht durchsetzbar erscheint. Die Polizeibeamten müssen auf Grund ihres Eides, den sie für den Staat, für dieses Land abgelegt haben, in aller Regel das tun, was die Polizeiführung ihnen abverlangt, auch wenn sie dabei in vielen Fällen für die von Politikern gemachten Fehler verurteilt und letztlich bei der gewaltsamen Durchsetzung dieser Fehlentscheidungen auch verheizt werden. Um überhaupt kein Mißverständnis aufkommen zu lassen: Ich bin ganz strikt für das Gewaltmonopol des Staates. Wer gegen das Gewaltmonopol des Staates ist, ist für das Faustrecht – für das Faustrecht! Und das kann niemand gutheißen. Obwohl ich also für das Gewaltmonopol des Staates bin, meine ich, daß meine Aussage vom Verheizen der Polizeibeamten im Einzelfall zutrifft. Wenn es bei Einsätzen der Polizei in äußerst umstrittenen Großprojekten, wie z. B. in Wackersdorf, zu derartig gewalttägien Auseinandersetzungen kommt, dann haben nicht nur Demonstrierende, dann haben auch die Polizeiführung und vor allem im Vorfeld, die politische Führung versagt!

»Die Polizei muß eine demokratische Institution bleiben«

Manfred Mahr, 32, ist Polizeikommissar in Hamburg.

Mein Schulweg führte tagtäglich am Polizeipräsidium vorbei und ich dachte mir: schaust' mal rein. Ich wollte auch nicht zum Bund, also hab ich mich entschlossen, gehst zur Polizei, bleibst drei Jahre. Heute würde ich den Kriegsdienst verweigern. Ich bin in der Friedensbewegung organisiert und Mitglied der Hamburger Pax-Christi-Gruppe. Durch diese Arbeit bin ich auch für Angelegenheiten im dienstlichen Bereich sensibilisiert worden. Ich stehe zwar zu meinem Dienst mit der Waffe, möchte aber nachdrücklich darauf hinweisen, daß zwischen einem Polizisten mit Waffe und einem Soldaten mit Waffe, ein großer Unterschied besteht.

Durch meine Beschäftigung mit Themen der Pax-Christi-Bewegung z. B. Rüstung, Befreiungstheologie, kamen erste Zweifel an der Richtigkeit und Rechtmäßigkeit meines Berufes auf. Dann folgte der »Hamburger Kessel«, nun mußte ich endlich meine Zweifel nach außen tragen. Hinzu kam, daß eine Bekannte von mir, die auch Pax-Christi-Mitglied ist, damals 13 Stunden im Kessel festgehalten worden war. Sie hat darüber einen Erlebnisbericht geschrieben. Die GdP wollte das nicht veröffentlichen – das war für mich der letzte Auslöser an die Öffentlichkeit zu treten, aktiv zu werden. Der »Hamburger Kessel« war eine entwürdigende Situation für die, die eingeschlossen waren, aber auch für die, die den Befehl ausführen mußten. Das hat mir gezeigt, so darf es nicht weitergehen.

Über mich erschien dann ein halbseitiger Artikel in der *Tageszeitung*. Der Umgang mit der *taz* war damals für mich alles andere als selbstverständlich. Der Artikel hat ziemli-

179

ches Aufsehen erregt. Der »Hamburger Kessel« wurde darin schärfstens verurteilt, was auch seine Folgen hatte – dienstlich. Die wollten mich disziplinieren. Ich hab aber nicht nachgegeben und habe sämtliche Register gezogen, das heißt, ich versuchte, alles öffentlich zu machen. Darauf hat der Druck nachgelassen. Nun ist man sehr vorsichtig geworden und es gibt auch Leute in der Hamburger Polizeiführung, die uns schätzen, aber ich bin noch lange kein geliebtes Kind.

Von den Frankfurter Polizistenmorden habe ich nachts im Radio gehört. Ich dachte ich hab mich verhört. Dann wurde mir richtig schlecht. Meine Betroffenheit war jedoch anders. Ich dachte mir, jetzt kommen die aus den Höhlen, die schon immer nach den starken Staat gerufen haben. Die waren gar nicht fähig zu trauern, die trauerten und ballten schon die Fäuste in den Hosentaschen. Ich hatte Angst, daß Gesetzesverschärfungen kommen, was sich auch bewahrheitete. Kurz darauf war in Fulda eine Diskussionsveranstaltung, auch die Grünen waren gelähmt durch dieses Ereignis. Ich hab zu ihnen gesagt: »Laßt euch nicht ins Boxhorn jagen, das wird schamlos ausgenutzt.« Alle forderten Distanzierungen von den Gewalttätern. Ich seh nicht ein, wieso ich mich von Sachen distanzieren soll, für die ich nie eingetreten bin.

Ich meine, die Polizei muß selbst erst einmal gewaltfrei werden. Durch gesetzliche Maßnahmen und Greiftrupps werden die Probleme nicht gelöst. Der Politiker ist gefordert und nicht der Polizeibeamte. Das, was zur Zeit aus dem Hause Zimmermann kommt, sind Sachen, die galoppierend die Demokratie abbauen, dahinter kann ich nicht stehen.

Die Politiker sollten zunächst einmal die Gewalt in der Sprache ändern. Sie hätten die Möglichkeit, die Abrüstung und die Liberalisierung voranzutreiben, ihren Teil dazu beizutragen, daß die Bürger wieder mehr Vertrauen in ihre Volksvertreter haben. Ich kann den Politikern das Denken nicht abnehmen, aber ich kann mich dagegen wehren, daß ich von ihnen mißbraucht werde. Das Motto meines Engagements ist das Tucholsky-Wort: Nichts ist schwerer und nichts erfordert mehr Charakter, als sich im offenen Gegensatz zu seiner Zeit zu befinden und laut zu sagen NEIN! Wir Polizeibeamte und -beamtinnen müssen unseren Berufsstand als demokratische Institution erhalten. Das ist mein Anliegen.

»Blitzableiter der Nation«

»Krisenstimmung bei der Polizei« entdeckte das Hamburger Nachrichtenmagazin *Spiegel* im Juni dieses Jahres und listete auf: »Perspektivlosigkeit, geringes Salär und frustrierende Einsätze schüren den Zorn der Beamten gegen die politische Führung.« Das liberale Wochenblatt *Zeit* assistierte, »Frust im Dienst, konservativer Habitus und politische Irritation« seien Auslöser des wachsenden Unmuts im grünuniformierten Teil der Bevölkerung.

Auch die Gespräche und Berichte dieses Buches lassen – obwohl sie z. T. lange vor den zitierten Veröffentlichungen entstanden – keinen Zweifel daran, daß es unter den bundesrepublikanischen Polizisten und Polizistinnen gärt wie nie zuvor. Vorbei sind die Zeiten, in denen sich uniformierte und bürgerkriegsähnlich bewaffnete Einheiten widerspruchslos für die Durchsetzung umstrittener Großprojekte und politisch unpopulärer Maßnahmen in gewalttätige Auseinandersetzungen mit militanten Demonstranten führen ließen. Nicht länger wollen es Polizisten hinnehmen, von einer wachsenden Zahl ihrer Mitbürger, vor allem den demonstrierenden, als politische Gegner und willkommenes Objekt der Aggressionen, als »Spucknapf« der Nation gesehen zu werden. Quer durch alle Standesvertretungen geht die Entrüstung darüber, zum »Schutz eines Rohbaus in den Oberpfälzer Wäldern« eingesetzt zu werden: Selbst konservative Polizeibeamte fühlen sich angesichts der Wackersdorfer Projektruine »als Opfer« der »vom Geld gesteuerten Politik«, so der bayrische Landesvorsitzende der »Deutschen Polizeigewerkschaft« Gerhard Vogler.

Sie fühlen sich verheizt und überfordert, wenn sie die Kohlen aus dem Feuer holen sollen, und es mehren sich die Stimmen derer, die gegen die monoton eingeforderte weitere Aufrüstung aufbegehren. Massiv wie nie zuvor, schreibt der *Spiegel,* richte sich der Zorn der Polizisten gegen die politische Führung, die sich ungewöhnlichen Fronten gegenübersieht. Denn zum Protest aus dem Apparat gesellen sich die Stimmen der kritischen Mahner »von außen«, die zu recht die Aufrüstung mit Gummigeschossen und international geächtetem CS-Giftgas geißeln und immer wieder monieren, daß es in der Konfrontation mit Demonstranten an »Dialogfähigkeit« mangele, weshalb statt der angestrebten »Deeskalation« häufig das genaue Gegenteil erreicht werde.

Aber Kritik ist nicht gleich Kritik: Lassen sich Unmut über geringe Bezahlung, menschenunwürdige Kasernierung, starre Hierarchien und zahllose unbezahlte Überstunden hervorragend für die Interessen einer auf starre Sicherheitskonzepte fixierten Führung nutzbar machen, ist es mit der Fähigkeit zur Selbstkritik nicht so weit her. Gegen Kritiker aus den eigenen Reihen wird hart vorgegangen. Von »Nestbeschmutzung« ist die Rede, wenn Einzelne gegen die Weisheiten ihrer Einsatz-Führungen aufbegehren. Die Demokratisierung des Polizei-Apparats bleibt deshalb eine offene Forderung angesichts einer Personalpolitik, die mit Frühpensionierung und Strafversetzung auf Andersdenkende reagiert.

Den Schutzmann an der Straßenecke, im Viertel bekannt und vertraut, den gibt es längst nicht mehr. Der Beruf ist zum »Job« geworden, vor allem in den Großstädten, und er hat nur noch wenig mit dem zu tun, was die Beamten einst zur Polizei zog, und was ihnen noch auf der Polizeischule beigebracht wurde. Nicht nur die liebgewordene und angenehme Vorstellung von der Autorität, die man Kraft seines Amtes und seiner Uniform zu besitzen glaubte, hat Risse bekommen. Statt Autorität ist Überzeugungskraft, sind Argumente gefragt: ein mühseliges Geschäft, denn der Umgang mit dem Bürger ist schwieriger geworden. Versuche, das alte Image durch »bürgernahes Auftreten« und die Einsetzung von »Kontaktbereichsbeamten« wieder aufzupolieren, stoßen auf Skepsis, solange sich der Einwand, diese Form von »Bürgernähe« sei taktisch motiviert und schlage sich z. B. nicht in der größeren Achtung von Bürgerbelangen nieder, nicht überzeugend ausgeräumt wird.

»Bürgernähe« bedeutete auch mehr Zeit für den Bürger. Die aber geht den Beamten meist ab. Im anschwellenden Dickicht der Paragraphen kämpfen die Revierhüter inzwischen häufig mehr mit Formularen und Dienstvorschriften als gegen die stetig wachsende Alltagskriminalität. Vielfach könne die Polizei ihren Auftrag nicht mehr erfüllen, klagt der Vorsitzende der Gewerkschaft der Polizei, Hermann Lutz: »Sie verwaltet nur noch.« Die Kündigungsraten seien höher als je zuvor; assistiert sein konservativer Verbandskollege Vogler. Die Polizei werde mit ihrem gesellschaftlichen Auftrag allein gelassen und schutzlos ungerechtfertigten Anfeindungen ausgesetzt. Mag dies Lamento der Standesvertreter auch etwas übertrieben und selbstmitleidig klingen, so gibt es unbestritten Probleme und Härten für die Ordnungshüter: Schichtdienst, 42-Stunden-Woche, Personalmangel auf den Revieren, geringe Beförderungschancen, schlechte Bezahlung (im mittleren Dienst netto 2.200 DM), Überstunden, Kasernierung und schlechtes Image stehen im krassen Gegensatz zu den Hochglanz-Jubelbroschüren, mit denen der Nachwuchs angeworben werden soll.

Vor allem junge Beamte wechseln deshalb zunehmend in die Wirtschaft, z. B. zum Werkschutz. Siemens lockt hier mit Gehältern bis zu 6.000 DM. Die Zahl der privaten Sicherheits-Angestellten und Objektschützer ist in den letzten zehn Jahren von 35.000 auf 130.000 angestiegen – eine Tendenz zur Privatisierung der Polizei und zu – staatlicher Kontrolle entzogenen – Schutztruppen, die Beobachter mit Sorge registrieren. In manchen Bundesländern gibt es bereits Probleme, die Ausbildungsplätze zu füllen. So sind in Berlin 1988 von den angebotenen 700 Stellen nur 520 besetzt worden, in Hessen blieben von 650 Plätzen 120 unbesetzt. Vor allem nach schweren Polizei-Einsätzen, so das Ergebnis einer Untersuchung der Gewerkschaft der Polizei, gehe die Zahl der Bewerber schlagartig zurück.

✳

Frust und Resignation haben nicht nur Kündigungswellen, vorzeitige Pensionierung und vermehrtes Krankfeiern zur Folge. Da das bloße Klagen nichts bewirkt, ist hohe Zeit für die politischen Prediger mit den Patentrezepten.

Vor allem die Republikaner profitieren von der Unzufriedenheit der Ordnungshüter. In ihren Landesverbänden sind – so in Hessen – bis zu 15 Prozent der Mitglieder Polizisten. Denen gelingt dort, was ihnen im Beruf verwehrt bleibt: Sie machen schnell Karriere. In Berlin und Baden-Württemberg stellen sie den Landesvorsitzenden, in Schleswig-Holstein dominieren sie den Vorstand. Und das Potential ist groß: Drei Viertel aller Polizeibeamten, so zeigen Meinungsumfragen, fühlen sich von den etablierten Parteien im Stich gelassen. Rund 60 Prozent ihrer Kollegen, schätzen Standesvertreter in Nordhessen und Bayern, würden die Republikaner wählen.

Die Partei der »Rattenfänger«, so Nordrhein-Westfalens oberster Polizeichef, Innenminister Schnoor, reagiert auf die polizeiliche Sehnsucht nach dem starken Mann, der durchgreift und für Ordnung sorgt, mit einem polizeitypischen Angebot: »Dem Polizisten werden schnelle Entschlüsse antrainiert, da kommen auch Schönhubers schnelle Lösungen an«, so ein Führungsbeamter. Schönhuber selbst spricht von seiner »law-and-order-Partei« und heißt die Beamten willkommen: »Wir grüßen die Polizisten und wir stehen hinter den Polizisten.« Verstärkt wirbt die Partei um die jungen Beamten zwischen 20 und 30, deren privater und beruflicher Einstieg bzw. Aufstiegswille an Schichtdienst, Überstunden und Beförderungsplan zu scheitern drohen. Flugblattaktionen vor Polizeischulen und Kasernen der Bereitschaftspolizei gehören inzwischen zum Repertoire der braunen »Drücker«. In Schwenningen darf ein überzeugter Republikaner an der dortigen Polizeifachschule unterrichten und – nach eigenem Bekenntnis – Informationsmaterial über seine Partei verteilen. Noch toller trieben es Führungsbeamte bei der Grenzschutzabteilung 1 in Lübeck, die laut *Spiegel* in dienstlichen Umlaufmappen Propagandamaterial der Republikaner herumreichten und gezielt junge Beamte mit »ostdeutsch klingenden Namen« ansprachen. Der Werbefeldzug wurde zwar vom Kommandeur gestoppt, weil er »das Ansehen sämtlicher Offiziere und Ausbilder« schädige, dienstliche Konsequenzen haben die gemaßregelten Beamten aber nicht zu befürchten. Schließlich, so das baden-württembergische Innenministerium zu den Schwenninger Vorgängen, seien die Republikaner nicht als verfassungsfeindlich eingestuft. Anders reagiert die politische Führung in Nordrhein-Westfalen: Intensive Aufklärung soll verhindern, daß sich immer mehr Beamte den Republikanern anschließen. Politische Information über die Schönhuber-Partei ist hier bereits fester Bestandteil der polizeilichen Ausbildung.

Die Republikaner ihrerseits sind dazu übergegangen, die nationalen und rassistischen Hetzparolen in den Hintergrund zu stellen und statt dessen mit den Forderungen der Standesvertretungen nach mehr Personal, besserer Besoldung und verbesserten Aufstiegschancen auf Stimmenfang zu gehen. Unter den Beamten ist die Neigung so gering nicht, den »Wahlzettel zum Denkzettel zu machen« (Gerhard Vogler). Polizeipraktiker warnen vor dem »Spiel mit dem Feuer« und fürchten, daß die »law and order«-Parolen bei Demonstrations-Einsätzen und in Extremsituationen gefährliche Reaktionen provozieren können.

Insgesamt ist die Zunahme rechtsradikaler Kräfte innerhalb der Polizei ein alarmierendes Signal für den Rechtsstaat und seine Sicherheitsorgane. Es besteht die Gefahr, daß die Polizei auf Distanz geht zu den Politikern und Parteien, die sie nicht will; daß sie von führenden Republikanern innerhalb der Polizei in die Rolle einer zweiten Opposition gedrängt wird.

Gerade darum darf sich die Polizei der Kontrolle einer vermeintlich kritischen Presse und einer wachsamen Öffentlichkeit nicht entziehen. Der Polizeiapparat darf sich nicht abschotten, sonst können sich extreme Strömungen innerhalb der Polizei breitmachen, unerkannt und ungehindert.

Ein falscher Weg wird auch eingeschlagen, wenn man versucht, durch neue Polizeigesetze die Befugnisse der Polizei unverhältnismäßig auszuweiten. (Auch durch ein strafbewehrtes Vermummungsverbot hätten die Morde an der Startbahn West nicht verhindert werden können). Das wäre nur im Sinne derer, die Polizeiarbeit auf »law and order«-Prinzipien reduzieren möchten. Man kann zwar verstehen, daß sich Polizeibeamte ihren Beruf einfacher, unkomplizierter wünschen, und von daher mehr Rechte für ihren Dienst fordern. Aber die Polizei, an jener sensiblen Nahtstelle zwischen Staat und Bürger ihre Arbeit verrichtend, darf nicht in Versuchung geraten zu vereinfachen. Ihr Beruf ist zugegebenermaßen schwierig – es darf jedoch nie einfach werden. Jedes Stück Recht, daß die Polizei dazugewinnt, geht in aller Regel von den Bürgerrechten ab. Und jeder Polizeibeamte sollte sich immer wieder daran erinnern, daß er zuallererst selbst Bürger ist.

Die Autoren

Lothar Ferstl, geb. 1957, Studium in Erlangen, verschiedene Tätigkeiten, als Lokalreporter, in der Dokumentation des ZDF und im Archiv der Frankfurter Allgemeinen Zeitung, derzeit Ausbildung zum wissenschaftlichen Dokumentar.

Harald Hetzel, geb. 1950, Lehramtsstudium, Gelegenheitsarbeiten, mehrere Aufenthalte in Asien, lebt derzeit als Schriftsteller in Basel.

Bildnachweis

Seite 7, 22, 74, 122 dpa Düsseldorf; Seite 12 antrazit/ Brigitte Kraemer, Essen; Seite 30, 68, 108, 182 argus, Hamburg; Seite 100 Süddeutscher Verlag, München; Seite 114, 146, 154 laif/Manfred Linke, Köln; Seite 134 Manfred Scholz, Essen.

CIP-Titelaufnahme der Deutschen Bibliothek

Ferstl, Lothar:
»Für mich ist das Alltag« : Innenansichten der Polizei /
Lothar Ferstl ; Harald Hetzel. – Bonn : Dietz, 1989
 (Dietz-Taschenbuch ; 33)
 ISBN 3-8012-3033-3

NE: Hetzel, Harald:; GT